Edition Rechtsextremismus

Herausgegeben von
F. Virchow, Düsseldorf, Deutschland
A. Häusler, Düsseldorf, Deutschland

Die „Edition Rechtsextremismus" versammelt innovative und nachhaltige Beiträge zu Erscheinungsformen der extremen Rechten als politisches, soziales und kulturelles Phänomen. Ziel der Edition ist die Konsolidierung und Weiterentwicklung sozial- und politikwissenschaftlicher Forschungsansätze, die die extreme Rechte in historischen und aktuellen Erscheinungsformen sowie deren gesellschaftlichen Kontext zum Gegenstand haben. Ein besonderes Augenmerk gilt dabei transnationalen Entwicklungen in Europa.

Herausgegeben von

Fabian Virchow   Alexander Häusler
Düsseldorf, Deutschland   Düsseldorf, Deutschland

Weitere Bände in dieser Reihe http://www.springer.com/series/12738

Gideon Botsch

Wahre Demokratie und Volks- gemeinschaft

Ideologie und Programmatik der NPD und ihres rechtsextremen Umfelds

 Springer VS

Gideon Botsch
Moses Mendelssohn Zentrum
Universität Potsdam
Potsdam, Brandenburg
Deutschland

Edition Rechtsextremismus
ISBN 978-3-658-14958-1   ISBN 978-3-658-14959-8   (eBook)
DOI 10.1007/978-3-658-14959-8

Die Deutsche Nationalbibliothek verzeichnet diese Publikation in der Deutschen National-
bibliografie; detaillierte bibliografische Daten sind im Internet über http://dnb.d-nb.de abrufbar.

Springer VS
© Springer Fachmedien Wiesbaden 2017

Lektorat: Jan Treibel

Gedruckt auf säurefreiem und chlorfrei gebleichtem Papier

Springer VS ist Teil von Springer Nature
Die eingetragene Gesellschaft ist Springer Fachmedien Wiesbaden GmbH
Die Anschrift der Gesellschaft ist: Abraham-Lincoln-Str. 46, 65189 Wiesbaden, Germany

Für Christine

Inhaltsverzeichnis

Verzeichnis der Abkürzungen

AfD	Alternative für Deutschland
Aktion W	Aktion Widerstand
AN	Autonome Nationalisten
ANS	Aktionsfront Nationaler Sozialisten
AUD	Aktionsgemeinschaft Unabhängiger Deutscher
BHJ	Bund Heimattreuer Jugend
BNS	Bund Nationaler Studenten
BVJ	Bund Vaterländischer Jugend
CDU	Christlich-Demokratische Union
CSU	Christlich-Soziale Union
DAP	Deutsche Aufbau-Partei
DB	Deutscher Block
DFP	Deutsche Freiheitspartei
DG	Deutsche Gemeinschaft
DKP	Deutsche Konservative Partei
DKP-DReP	Deutsche Konservative Partei-Deutsche Rechtspartei
DLVH	Deutsche Liga für Volk und Heimat
DNVP	Deutschnationale Volkspartei
DP	Deutsche Partei
DSU	Deutsch-Soziale Union
DVFP	Deutschvölkische Freiheitspartei
DVU	Deutsche Volksunion (Liste D)
F.D.P.	Freie Demokratische Partei
FAP	Freiheitliche Deutsche Arbeiterpartei
GuD	Gemeinschaft unabhängiger Deutscher
JN	Junge Nationaldemokraten

KNJ	Kameradschaftsring nationaler Jugendverbände
MND	Mitteldeutsche Nationaldemokraten
NDP	Nationaldemokratische Partei
NDPD	Nationaldemokratische Partei Deutschlands
NF	Nationalistische Front
NHB	Nationaldemokratischer Hochschulbund
NPD	Nationaldemokratische Partei Deutschlands
NSAM	Nationale und Soziale Aktivisten Mitteldeutschland
NSDAP	Nationalsozialistische Deutsche Arbeiterpartei
NSU	Nationalsozialistischer Untergrund
OD	Ordnerdienst (der NPD)
REP	Die Republikaner
SA	Sturmabteilungen
SRP	Sozialistische Reichspartei
SS	Schutzstaffel
UAP	Unabhängige Arbeiterpartei
VSBD/PdA	Volkssozialistische Bewegung Deutschlands/Partei der Arbeit
WJ	Wiking Jugend

Einleitung 1

Am 1. März 2016 eröffnete der Zweite Senat des Bundesverfassungsgerichts in Karlsruhe das Verfahren zur Feststellung der Verfassungswidrigkeit und zum Verbot der Nationaldemokratischen Partei Deutschlands (NPD) gemäß Artikel 21 Absatz 2 des Grundgesetzes. Das Bundesverfassungsgericht muss grundsätzlich entscheiden, ob eine verfassungswidrige Partei auch dann verboten ist, wenn sie keine eindeutige und unmittelbare Gefahr für die Demokratie darstellt.[1] Das im angelsächsischen Bereich übliche „Clear-and-present-Danger"-Prinzip ist in der Bundesrepublik Deutschland bislang weder bei Partei- noch bei Vereinsverboten maßgeblich gewesen und wurde teils explizit zurückgewiesen. Verbotsverfügungen gegen rechtsextreme Vereinigungen auf Grundlage von Artikel 9 Absatz 2 des Grundgesetzes weisen in aller Regel auch auf den jeweiligen politisch-ideologischen Charakter hin, wobei häufig besonders auf den Nachweis einer „Wesensverwandtschaft mit dem Nationalsozialismus" geachtet wird (vgl. Richter 2002; Laue 2009; Botsch et al. 2013).

Der Antrag des Bundesrats zum NPD-Verbot aus dem Jahr 2013 ist ebenfalls darauf orientiert, das Motiv der „Wesensverwandtschaft" nachdrücklich heraus zu arbeiten. Im Abschnitt über die Ideologie der Partei geht der Verbotsantrag dabei in fünf inhaltlichen Schritten vor: Er begründet die Verfassungsfeindlichkeit der NPD erstens unter Hinweis auf den ethnischen Volksbegriff, wobei die „Volksgemeinschaft" als Basis des politischen Programms beschrieben wird; verweist zweitens auf die von der NPD geforderte Exklusion bestimmter Gruppen von der Grundrechtsberechtigung; weist drittens nach, dass eine „auf der

---

[1] Eine Entscheidung des Bundesverfassungsgerichts steht derzeit noch aus. Stand des Manuskript-Abschlusses ist Ende Juni 2016.

© Springer Fachmedien Wiesbaden 2017
G. Botsch, *Wahre Demokratie und Volksgemeinschaft,* Edition
Rechtsextremismus, DOI 10.1007/978-3-658-14959-8_1

Volksgemeinschaft basierende ‚Volksherrschaft'" an die Stelle des parlamentarischen Regierungssystems treten solle; geht viertens auf das Verhältnis der NPD
zu den NS-Gewaltverbrechen „zwischen Relativierung und Leugnung" ein; und
vertieft diesen Gesichtspunkt fünftens mit Blick auf Antisemitismus und Judenfeindschaft (Bundesrat 2013). Theoretisch hätte der Nachweis auch an anderen
Fragen der Programmatik erbracht werden können, etwa an den sozial- und wirtschaftspolitischen Vorstellungen der NPD (vgl. Botsch und Kopke 2014). Doch
zeigt diese Zuspitzung durch den Bundesrat bereits, dass die Fragen nach der
Stellung der NPD zum Nationalsozialismus einerseits, zur Gesellschafts- und
Staatsordnung in der Bundesrepublik andererseits zu den zentralen Felder gehören, auf denen sich der ideologisch-programmatische Charakter der NPD erkennen lässt.

Im Rahmen der Vereinsverbotspraxis ist in jüngerer Zeit mitunter die Bezugnahme auf „Volksgemeinschaft" im Sinne der nationalsozialistischen Begriffsver-
wendung bereits für sich genommen als Hinweis auf die „Wesensverwandtschaft
zum Nationalsozialismus" gewertet worden. So verweist beispielsweise die
Begründung für die Verbotsverfügung des baden-württembergischen Innenmi-
nisteriums gegen die Vereinigung „Autonome Nationalisten Göppingen" (AN
Göppingen) vom 10. Dezember 2014, eines der bislang letzten ergangenen Vereinsverbote in der Bundesrepublik, explizit auf ein von dieser Gruppierung ver-
breitetes Flugblatt mit der Parole „Volksgemeinschaft statt Demokratie" und führt
dazu aus:

> Der Begriff ‚Volksgemeinschaft' gehört zum Kern nationalsozialistischer Termi-
> nologie und diente als eine der schlagkräftigsten propagandistischen Formeln der
> nationalsozialistischen Massenbewegung. (…) Die Volksgemeinschaft war Ausgang
> und Ziel der Weltanschauung und Staatsordnung des Nationalsozialismus (…) Dies
> führte zur politischen, rassistischen und antisemitischen Exklusion von Bevölke-
> rungsgruppen, die letztendlich der ‚Rassenhygiene' durch Vernichtung, der Zwangs-
> sterilisation, der Verfolgung von Homosexuellen, der Unterdrückung der politischen
> Opposition sowie der Durchführung des Holocaust Vorschub leistete.
> Mit der Forderung nach einer ‚Volksgemeinschaft' übernehmen die AN GÖP-
> PINGEN unmittelbar nationalsozialistisches Gedankengut und lassen eindeutig eine
> Wesensverwandtschaft mit der NSDAP erkennen"[2] (Baden-Württembergisches
> Ministerium des Inneren 2014).

---

[2]Zitiert aus der Verfügung [betr. Vereinsverbot] des Baden-Württembergischen Ministeri-
ums des Inneren v. 10.12.2014 an die Vereinigung „Autonome Nationalisten Göppingen.

In der wissenschaftlichen Diskussion und öffentlichen Wahrnehmung der NPD ist die ideologische Nähe zum historischen Nationalsozialismus kaum noch strittig. Daraus wollen Kritiker des Verbots nicht unbedingt bereits eine Wesensverwandtschaft ableiten. Der Begriff werde „auf die reine Zielebene verkürzt", man könne indes der NPD „kaum mehr als anstößige Parolen ankreiden". Im Unterschied zur bereits 1952 verbotenen Sozialistischen Reichspartei (SRP) sei sie keine NSDAP-Nachfolgeorganisation. Die Behauptung einer Wesensverwandtschaft zum Nationalsozialismus nur aufgrund von Parolen und Ideologiefragmenten grenze an „Verharmlosung der NSDAP" (Leggewie et al. 2016, S. 3). Ungeachtet der Frage, wie man zu einem Verbot der NPD steht, übersieht diese Argumentation die massive Radikalisierung der Partei durch den Zustrom neo-nationalsozialistischer Aktivisten seit den 1990er Jahren, die sich sowohl im Auftreten als auch in einer ideologischen Radikalisierung bemerkbar machen und den Charakter der NPD nachhaltig verändert haben. Dies zeigt sich am deutlichsten an zwei Aspekten der Ideologie und Programmatik: der Neupositionierung gegenüber dem Begriff und der Gestalt der Demokratie im Sinne der NPD und der Aufwertung des Volksgemeinschaftsgedankens in ihrem Programm.

Dass derartige weltanschauliche Wandlungsprozesse in der wissenschaftlichen Analyse und öffentlichen Debatte um die NPD oft kaum bemerkt werden, ergibt sich nicht zuletzt aus der einseitigen Konzentration auf die jeweils jüngsten Entwicklungen der Partei. Sowohl die Verbotsgegner als auch die Befürworter argumentieren häufig weitgehend mit aktuellen Gefährdungspotenzialen. Langfristige Entwicklungen und Traditionen kommen kaum in Betracht. Dabei ist gerade die langjährige parteipolitische Kontinuität der NPD, die bis auf ihre Vorläuferin, die Deutsche Reichspartei, zurückgeht, eine der zentralen Ressourcen für den bundesdeutschen Rechtsextremismus (Vgl. Dudek und Jaschke 1984; Botsch 2012, 2016a). Es ist daher ein Anliegen des vorliegenden Bandes, diese Perspektive von mittlerer Dauer wieder herzustellen und Ideologie und Propaganda der NPD in den Kontext der ideologiegeschichtlichen Entwicklung des radikalen Nationalismus seit dem Ende des Zweiten Weltkriegs einzubeziehen.

Denn nach der Befreiung Europas von der nationalsozialistischen Gewaltherrschaft sah sich die nationalistische Rechte in Deutschland mit einer politischen und sozialen Realität konfrontiert, die ihre Erwartungen und Hoffnungen auf vielfache Weise enttäuschen musste. Während der Periode der deutschen Zweistaatlichkeit konnte sie sich nur in der Bundesrepublik überhaupt wieder legal entfalten. Diese konstituierte sich aber ihrer politischen Verfassung nach als parlamentarische Demokratie, ihrer sozialen Verfasstheit nach als pluralistische Gesellschaft. Somit war der radikale Nationalismus in der Bundesrepublik mit

zwei machtvollen Leitideen und Ordnungskonzepten konfrontiert: Mit dem westlichen Demokratie- sowie mit dem modernen Gesellschaftsbegriff.

Bezüglich der Demokratie stellte es für die nationale Rechte kein Problem
dar, sich vom Modell der „Volksdemokratie" abzugrenzen, wie es in Osteuropa
einschließlich der DDR unter dem Druck der sowjetischen Führung erzwungen
wurde. Dessen vornehmlich propagandistische Bedeutung und die offensichtlich
undemokratischen, diktatorischen Macht- und Herrschaftsverhältnisse in allen
Ländern des real existierenden Sozialismus waren offenkundig. Demgegenüber
bildete das Modell der parlamentarischen Demokratie nach westlichem Vorbild
eine starke Herausforderung für die rechtsextreme Weltanschauung und Programmatik. Wollte sie politisch agieren, musste sie auf die eine oder andere Weise zu
diesem Ordnungsmodell Stellung beziehen, und angesichts seiner großen Anzie-
hungskraft war es nicht unbedingt opportun, es rundheraus zu verwerfen oder
gar zu bekämpfen. Der Gesellschaftsbegriff trat der extremen Rechten in zwei
Formen gegenüber, die ebenso untereinander in Spannung standen, wie sie den
Leitvorstellungen der nationalistischen Rechten entgegengesetzt blieben: Dem
liberalen Gesellschaftskonzept, mit seinem Versprechen individueller Freiheit und
Selbstverantwortlichkeit einerseits, und dem sozialistischen Gesellschaftskonzept,
mit seinem Versprechen der Gleichberechtigung und Solidarität andererseits.

In ihrem Versuch, diesen konkurrierenden Leitbildern von Staat und Gesellschaft gegenüber eine eigenständige, nationaloppositionelle Position zu finden,
mobilisierte die nationalistische Rechte ihren Schlüsselbegriff „Volk". Demokratie übersetzte sie sich mit „Volksherrschaft", der demokratische Staat sollte
demnach „Volksstaat" sein. Nur in diesem Sinne könne von einer „wahren"
Demokratie die Rede sein. Den modernen Gesellschaftsbegriff hingegen, der
Heterogenität, Vielfalt und eigenständige Interessen einzelner Teilgruppen in
Rechnung stellte, wies die extreme Rechte in allen seinen Varianten zurück. Eine
so geartete Gesellschaft konnte sie nur als Verfallserscheinung wahrnehmen; sie
war zu überwinden zugunsten einer organischen, harmonischen, gegliederten
„Volksgemeinschaft".

Seit den 1960er Jahren wurde erkennbar, dass die demokratische Verfassung
zumindest im Westen Deutschlands nicht nur eine Übergangserscheinung von
kurzer Dauer sein würde. Zugleich wurde deutlich, dass dieser Staat seine Verfassungsordnung verteidigen und dazu notfalls erneut – wie bereits beim Verbot der
SRP und einer Reihe rechtsextremer Vereine in den 1950er Jahren – auch
Zwangsmittel anwenden würde. Ein Teil der extremen Rechten reagierte darauf,
indem er versuchte, einen eigenständigen und positiv besetzten Begriff „wahrer"
Demokratie zu entwickeln und gegenüber der bekämpften Verfassungsordnung
der Bundesrepublik abzugrenzen. Hierfür stand namentlich die NPD, die

erfolgreichste Neugründung der 1960er Jahre, die den Begriff der Demokratie sogar in ihren Parteinamen aufnahm. Seither betonte ein Teil der nationalen Opposition, dass der Weg zu einem nationalen „Volksstaat" dann offen stehe, wenn das Grundgesetz durch die Wiedervereinigung obsolet geworden wäre und das deutsche Volk sich eine neue Verfassung geben könne. Als Bezugspunkt für diese These diente die seinerzeit gültige Präambel des Grundgesetzes, der zu Folge es sich um eine neue staatliche Ordnung „für eine Übergangszeit" handle, während das gesamte deutsche Volk aufgerufen bleibe, „in freier Selbstbestimmung die Einheit und Freiheit Deutschlands zu vollenden". Frühzeitig war diese Passage so interpretiert worden, dass mit der Wiedervereinigung eine neue Verfassung zu verabschieden sei, an deren Formulierung dann das deutsche Volk unmittelbar mitwirken solle.[3] Dass die „Wiedervereinigung" 1990 gemäß Artikel 23 Grundgesetz auf dem Weg des Beitritts der in der DDR neu gebildeten Länder zum Geltungsbereich des Grundgesetzes bei Anerkennung der Oder-Neiße-Linie als Grenze zu Polen erreicht wurde, enttäuschte diese Erwartung zutiefst. Die nationale Opposition zog daraus – zeitlich etwas verzögert – die Konsequenz, der Bundesrepublik nun die Legitimation erneut gänzlich zu bestreiten.

Es bleibt indes festzuhalten, dass der Versuch, den Begriff der Demokratie von rechts aus „positiv" zu besetzen, nur eine Möglichkeit neben anderen darstellte. Zu jedem Zeitpunkt gab es Flügel der nationalen Opposition, die das Prinzip der Demokratie, ähnlich wie die eingangs angeführten Autonomen Nationalisten Göppingen, mehr oder weniger offen ablehnten. Anders verhält es sich mit dem Gesellschaftsbegriff. Der Wunsch nach Überwindung der unorganischen und zerrissenen Gesellschaft durch eine organische Volksgemeinschaft ist faktisch der gesamten nationalistischen Rechten gemein. Er erweist sich mithin als

---

[3]Im nationalkonservativen Spektrum findet sich bereits in den frühen 1950er Jahren ein Beispiel für das Bekenntnis zum Grundgesetz mit dem Ziel, unter Berufung auf die Präambel dessen Grundsätze im Falle der Wiedervereinigung ad acta zu legen. Der Historiker Hans Joachim Schoeps hatte sich 1951 bei dem Staatsrechtler Ernst Rudolf Huber nach den Möglichkeiten erkundigt, auf verfassungsgemäßem Wege wieder eine Monarchie in Deutschland einzuführen. Huber erläuterte in einem zweiseitigen Schreiben die verfassungsrechtlichen Sperren gegen dieses Vorhaben mit dem Ergebnis, es gebe „nur einen einzigen legalen Weg", nämlich über die „Wiedervereinigung Deutschlands. Mit ihr wird das Grundgesetz, wie es selbst bestimmt, obsolet" (Ernst Rudolf Huber an Hans Joachim Schoeps v. 2.12.1951, in: Staatsbibliothek Berlin Preußischer Kulturbesitz, Handschriftenabteilung, Nachlass 148: Hans Joachim Schoeps, Mappe K 86). Schoeps übernahm die Ausführungen von Huber, ohne ihren Ursprung offen zu legen, in seine 1953 erschienene Schrift „Kommt die Monarchie?" (Schoeps 1953, S. 62).

„Grundposition" (Schwagerl 1993) des Rechtsextremismus. Allerdings, dies zeigt die genauere Analyse programmatisch-weltanschaulicher Stellungnahmen über die Jahrzehnte hinweg, variieren die konkreten Vorstellungen über diese Volksgemeinschaft. Insbesondere das Ausmaß an Inklusion und die Frage der sozialen Durchlässigkeit innerhalb der Gemeinschaft (vgl. Breuer 2010) steht immer wieder zur Debatte, wenn „organische Gliederung" gegen „Bestenauslese", „naturgegebene Rangunterschiede" gegen „nationale Solidarität" stehen. Zudem unterlag das Konzept der Volksgemeinschaft einem mehrfachen Wandel, der mit den gesamtgesellschaftlichen Veränderungen ebenso in Zusammenhang steht, wie mit der inneren Entwicklung der extremen Rechten. Hier ist besonders der Wandel Deutschlands zum Einwanderungsland und die neue Heterogenität der deutschen Gesellschaft zu betonen, die von der nationalen Rechten massiv bekämpft wurden und werden.

Beide Konzepte sind eng aufeinander bezogen und finden ihren Schnittpunkt im Begriff des „Volkes". Diese enge Verbindung zwischen Demokratie- und Volksbegriff, die ja auch durch das Grundgesetz nahe gelegt wird, hat Ernst Fraenkel bereits Ende der 1960er Jahre dazu veranlasst, eine „Politologie des ‚Volks' begriffs" zu fordern: „Die landläufige Definition, Demokratie sei Herrschaft des Volkes unter maßgeblicher Berücksichtigung des Freiheits- und Gleichheitsprinzips, ist politikwissenschaftlich sinnvoll nur, wenn Klarheit über den Begriff ‚Volk' gewonnen ist" (Fraenkel 2007, S. 330). Fraenkel unterschied dabei vier verschiedene mögliche Volksbegriffe, wobei der erste vereinfachend gesagt konservativem, der zweite liberalem, der dritte faschistischem und der vierte pluralistischem Staatsdenken entspreche. Wie ich im Folgenden zeigen werde, beziehen sich die Demokratiekonzepte der NPD und die Volksgemeinschaftsvorstellungen des Rechtsextremismus in der Bundesrepublik durchweg auf diesen ersten Typus. Unter Volk werde dabei laut Fraenkel eine „historisch gewachsene, organische Einheit" verstanden, das heiße eine „transpersonalistische ‚Gestalt' mit einem eigenen einheitlichen Willen, in dem sich entweder der durch seine Einmaligkeit ausgezeichnete ‚Volksgeist' manifestiert oder eine volonté générale zur Entstehung gelangt" (Fraenkel 2007, S. 330). Eine solche „auf der Idee der homogenen Gesellschaft beruhende Demokratievorstellung" vertrete den Gedankengang, dass „echte, wahre Demokratie nur existiert, wenn das Volk als solches unmittelbar die politischen Entscheidungen" bestimme. Die „plebiszitäre Demokratie" sei die Form der Demokratie, die „der unterstellten oder gewünschten homogenen Gesellschaft" entspreche (Fraenkel 2007, S. 302). Diese Position bezeichnet Fraenkel an anderer Stelle als „vulgärdemokratische Irrlehre von der Aufhebung der Entfremdung in der patriotischen Volksgemeinschaft" (Fraenkel 2007, S. 289).

Programmatische Dokumente zum Demokratie-Begriff der NPD lassen erkennen, dass dieses Konzept in der Tat ohne den Verweis auf die Volksgemeinschaft nicht auskommt. Der Genese und dem Wandel dieser beiden Motive rechtsextremer Weltanschauungen soll im Folgenden nachgegangen werden. Zum besseren Verständnis des historischen Prozesses wird zunächst ein Abriss über die parteipolitischen Kontinuitäten von der Deutschen Reichspartei zur NPD gegeben (vgl. Botsch 2011a, 2012a). Auf dieser Grundlage folgen zwei Studien zur „wahren Demokratie" und zum Begriff der „Volksgemeinschaft". Mit Rücksicht auf den unterschiedlichen Charakter der beiden Konzepte ist der Zuschnitt der Untersuchungen nicht einheitlich. Für das Motiv der „wahren Demokratie" empfiehlt sich eine weitgehende Konzentration auf die NPD als denjenigen Akteur der nationalen Opposition, der dieses Motiv politisch am beharrlichsten mobilisierte. Ein besonderer Fokus liegt auf der Parteientwicklung in der „Ära Voigt" (1996–2011). Denn es ist diese Phase, in der die NPD eine Radikalisierung durch Zustrom aus dem neo-nationalsozialistischen Spektrum erfährt, aber gleichzeitig an ihrem Konzept der „wahren Demokratie" festhält und in ihrer Programmdiskussion versucht, dieses Motiv zu exemplifizieren und zu präzisieren. Der Volksgemeinschaftsgedanke der extremen Rechten wird dagegen in einer breiter angelegten historischen Längsschnittanalyse in den Blick genommen, um unterschiedliche Ausprägungen im Wandel der allgemeinen Entwicklung der nationalen Opposition ermitteln zu können und damit auch die spezifische Ausprägung im Rahmen der NPD-Programmatik schärfer zu konturieren. Beide Texte verstehen sich insofern als selbständige Einzelstudien, auch wenn sie thematisch eng verwandte Motive betreffen und vielfach aufeinander verweisen. Einbezogen wurde in der Regel Material bis etwa 2010/2011, nur in Ausnahmefällen wird auch auf jüngere Dokumente eingegangen. Die Arbeiten entstanden auf der Grundlage von Recherchen und Diskussionen am Forschungsschwerpunkt Antisemitismus- und Rechtsextremismusforschung des Moses Mendelssohn Zentrum für europäisch-jüdische Studien an der Universität Potsdam, die ich mit meinem Kollegen Christoph Kopke seit 2006 durchführe. Sie korrespondieren insbesondere mit den von uns gemeinsam verfassten Analysen der wirtschafts- und sozialpolitischen Programmatik und Propaganda der NPD (vgl. Botsch und Kopke 2008, 2013, 2014). Meine hier erstmals im Druck vorgelegten Studie „Zwischen ‚vulgärdemokratischer' Fundamentalopposition und neo-nationalsozialistischer

Mobilisierung. Demokratievorstellungen und Demokratiekritik der Nationaldemokratischen Partei Deutschlands" bildete die Grundlage für einen Vortrag auf der Osnabrücker Politologentagung im Herbst 2008.[4] Mit Blick auf die jüngere programmgeschichtliche Entwicklung, insbesondere in Form des NPD-Parteiprogramms von 2010, ist sie aktualisiert und überarbeitet worden. Über den eigentlichen Untersuchungszeitraum hinaus geht ein kurzer Abschnitt, der die Demokratie-Vorstellungen der NPD mit dem im Mai 2016 verabschiedeten Grundsatzprogramm der Alternative für Deutschland (AfD) kontrastiert. Die Ergebnisse der historischen Längsschnittuntersuchung „‚Volksgemeinschaft' als weltanschauliche Grundposition der extremen Rechten in der Bundesrepublik Deutschland" werden hier erstmals der Öffentlichkeit vorgestellt.

---

[4]Vortrag im Workshop 1: „Die Erzählung vom Demokratiedefizit" der Gemeinsamen Dreiländertagung der Deutschen Vereinigung für Politische Wissenschaft (DVPW), Österreichischen Gesellschaft für Politikwissenschaft (ÖGPW) und Schweizerischen Vereinigung für politische Wissenschaft (SVPW) in Osnabrück „Die Verfassung der Demokratien" am 22. November 2008. Den Schwerpunkt des Vortrags bildeten die thesenartig zusammengefassten Ergebnisse, die in der vorliegenden Fassung im Zwischenergebnis zu finden sind. In Verbindung mit der hier abgedruckten Studie über die „Volksgemeinschaft" und zahlreichen weiteren Arbeiten bildete das Vortragsmanuskript einen Teil der kumulativen Habilitationsleistung „Die ‚nationale Opposition' in der Bundesrepublik Deutschland. Studien zur Geschichte der extremen Rechten", auf deren Grundlage ich mich im Mai 2014 an der Wirtschafts- und Sozialwissenschaftlichen Fakultät der Universität Potsdam für das Fach Politikwissenschaft habilitiert habe.

Von der DRP zur NPD: Parteipolitische Kontinuitäten im deutschen Rechtsextremismus

2

2.1 Die nationale Opposition in der Bundesrepublik. Phasen ihrer Entwicklung

Wird die Entstehung und Entwicklung der extremen Rechten als historischer Prozess dargestellt, so ist es nötig, den Gang der Ereignisse sinnvoll zu strukturieren und eine Periodisierung vorzunehmen. Allerdings besteht in dieser Hinsicht keinerlei Einheitlichkeit in der Forschungsliteratur (vgl. Botsch 2016a). Im Folgenden orientiere ich mich an einer von mir vorgeschlagenen Periodisierung (Botsch 2012, 2016a), die sowohl die innere Entwicklung des Milieus als auch den allgemeinen historischen Prozess berücksichtigt. Dabei erweist sich die Deutschlandpolitik als Zäsur bildendes Moment: Mit der neuen Ostpolitik ab 1970 und der deutschen Einigung 1990 lässt sich jeweils der Beginn einer neuen Phase in der Geschichte des radikalen Nationalismus in der Bundesrepublik erkennen. Beide Zäsuren waren verbunden mit enttäuschenden Bundestags-Wahlergebnissen rechtsextremer Parteien; ihnen folgten jeweils ausgesprochene „Widerstands"-Strategien, die mit aktionistischer außerparlamentarischer Mobilisierung und Gewalt verbunden waren. Im zeitlichen Umfeld dieser Zäsuren lassen sich darüber hinaus Wandlungsprozesse fixieren, die eine Pluralisierung und größere kulturelle Vielfalt der deutschen Gesellschaft mit sich brachten und damit die Rahmenbedingungen für nationalistische Politik veränderten. Diese Zäsuren geben insgesamt eine gute Orientierung, obgleich sie sich nicht ganz passgenau mit der Entwicklung des parteipolitischen Rechtsextremismus in Deckung bringen lassen. So werden drei Phasen voneinander abgegrenzt, die jeweils zwei Jahrzehnte umfassen: von 1949 bis 1969, von 1970 bis 1989 und eine Phase, die 1990 beginnt. Manches spricht dafür, dass zu Beginn der 2010er Jahre eine weitere Phase einsetzt, die unter dem Einfluss der tief greifenden europäischen Krise mit

© Springer Fachmedien Wiesbaden 2017
G. Botsch, *Wahre Demokratie und Volksgemeinschaft,* Edition Rechtsextremismus, DOI 10.1007/978-3-658-14959-8_2

ihren Rückwirkungen auf die nationale Politik in der Bundesrepublik Deutschland steht. Eine klare Zäsur lässt sich allerdings noch nicht fixieren, dies wird erst mit zunehmendem Abstand möglich sein. Für die vorliegenden Studien sind diese Ereignisse weniger relevant, da sie außerhalb des eigentlichen Untersuchungszeitraums liegen.

Die drei Entwicklungsphasen der nationalen Opposition bis ungefähr 2010 lassen sich vor dem Hintergrund der Entwicklung der bundesdeutschen Demokratie zusammenfassend so charakterisieren:

1. Die nationale Opposition in der Nachkriegszeit. Während die bedeutenden Fragen der Innen-, Außen- und Deutschlandpolitik, der demokratischen Verfassung und der pluralistischen Prägung der deutschen Nachkriegsgesellschaft zunehmend in einem Sinne beantwortet worden waren, der den Wünschen und Hoffnungen der nationalen Opposition zuwiderlief, rangen die neu gegründeten radikalnationalistischen Parteien, Verlage, Kulturinitiativen und Jugendverbände um ihre Stellung innerhalb der politischen Kultur der Bundesrepublik, wurden aber – teils durch ihre eigene Positionierung, teils durch externe Marginalisierung und Ausgrenzung – auf eine randständige Stellung verwiesen, aus der auch die NPD nicht hervorzutreten vermochte, und entwickelten sich so zur „besonderen politischen Kultur" (Dudek und Jaschke 1984).
2. Die nationale Opposition im Übergang. Die außen- und deutschlandpolitische Neuorientierung der sozialliberalen Koalition in Verbindung mit einer voranschreitenden Demokratisierung und einem raschen kulturellen Wandel, der nun tendenziell in Richtung eines Einwanderungslandes beziehungsweise einer wachsenden kulturellen Vielfalt wies, stellten die nationale Opposition vor erhebliche Herausforderungen und bedingten einen Prozess der Umorientierung und des Erprobens verschiedener Strategien, der sehr krisenhaft verlief, durch Desintegration und erbitterten inneren Konflikt geprägt war. Gleichwohl behauptete sich das Lager als fundamentaloppositionelle Subkultur, regenerierte sich und konnte in der zweiten Hälfte dieser Übergangsjahre wieder offensiver agieren.
3. Die nationale Opposition im geeinten Deutschland. Die Vereinigung Deutschlands durch Beitritt der DDR zum Geltungsbereich des Grundgesetzes enttäuschte die Erwartungen der nationalen Opposition ein weiteres Mal. Die Verjüngung des Lagers aus dem Reservoir einer breiter werdenden radikalnationalistischen Subkultur wurde in der zweiten Hälfte dieser Phase in eine Sammlungspolitik unter dem Dach der NPD überführt, die tendenziell die

seit den 1970er Jahren desintegrierten Unterströmungen zusammen zu führen vermochte. Kaum noch interessiert an seiner Re-Integration in die politische Basiskultur, pflegte der radikale Nationalismus nun die Ausbildung
einer gesellschaftlich randständigen, in sich aber lebhaft ausdifferenzierten
Gegen-Kultur.

Das folgende Kapitel gliedert sich in drei Abschnitte, deren erster der Entwicklung von der DRP und ihren Vorläuferinnen bis zum Scheitern der NPD bei den
Bundestagswahlen 1969 gewidmet ist. Nach einer krisenhaften Entwicklung zu
Beginn der 1970 begann für die NPD eine lange Interimsphase, die „Ära Mußgnung", mit der sich der zweite Abschnitt befasst. Mit dem Ende dieser Phase im
Jahr 1990 öffnete sich die NPD zunehmend für neo-nationalsozialistische Positionen, wie im dritten Teil gezeigt wird.

2.2   Vom Reichsnationalismus zur Nationaldemokratie

Erste radikalnationalistische Parteien, die später unmittelbar zu Vorläuferinnen
der Deutschen Reichspartei werden sollten, wurden nach 1945 in Westdeutsch-
land aus dem Impuls heraus begründet, an nationalkonservative Tendenzen der
Weimarer Republik anzuknüpfen, welche selbst nicht vollständig oder eindeutig
im Nationalsozialismus aufgegangen waren.[1] Die Gründung der Deutschen Konservativen Partei (DKP) entsprach dem Versuch, den Parteiapparat der alten
Deutschnationalen Volkspartei (DNVP) im nord- und nordwestdeutschen Raum
neu zu beleben. Die Deutsche Aufbau-Partei (DAP) wurde von früheren Angehörigen der Deutschvölkischen Freiheitspartei (DVFP) ins Leben gerufen, die 1922
als Dissoziation des völkischen Flügels aus der DNVP entstanden war. DKP und
DAP blieben auf den britischen Sektor beschränkt. Im März 1946 fusionierten sie
unter dem Namen Deutsche Konservative Partei-Deutsche Rechtspartei (DKP-
DReP). Die dritte Kraft, die schließlich in die DRP einging, die Nationaldemokratische Partei (NDP), knüpfte unmittelbar an den DNVP-nahen Flügel des
Hessischen Bauernbundes (später: Hessischer Landbund) in Oberhessen an. Im

---

[1]Der folgende historische Abriss greift zurück auf Botsch 2011a, 2012a, 2016a. – Vgl. zum
Folgenden auch: Jenke 1961; Tauber 1967; Stöss (Hrsg.) 1986; Stöss 1989; Sowinski 1998;
aus der Binnenperspektive: von Thadden 1990; Apfel 1999.

Juni 1948 begann die Kooperation zwischen DKP-DReP und NDP, als beide Parteien die „Arbeitsgemeinschaft Nationale Rechte" bildeten. DKP-DReP und NDP versuchten zunächst, sich vom Nationalsozialismus abzusetzen und an autoritäre, traditionalistische und konservative Entwicklungslinien anzuknüpfen. Dabei spielten, bei unterschiedlicher Nuancierung, (berufs-) ständische und legitimistische (monarchistische) Gedankengänge eine gewisse Rolle; die wirtschafts- und gesellschaftspolitischen Grundorientierungen entsprachen teils denjenigen der traditionellen protestantischen Eliten, teils denjenigen des ländlichen, agrarischen sowie des städtischen, gewerblichen Mittelstands.

Im Prozess der Bündelung und Sammlung dieser Kräfte kam ein weiteres Element hinzu: Die Gruppe der „ewiggestrigen" Nationalsozialisten. Ihre Angehörigen waren dem Alter nach zumeist jünger. Sie befanden sich häufig in prekärer sozialer Lage, da sie zum Teil sozial niedrigeren Schichten entstammten, häufig auch bei Kriegsende „deklassiert" worden waren, sei es als Heimatvertriebene, als Heimkehrer aus Kriegsgefangenschaft oder als frühere Funktionäre nationalsozialistischer Organisationen und Institutionen (vgl. Schmollinger 1986d, S. 2326 ff.; Kaltefleiter 1966, S. 131 ff.). An der „sozialreaktionären" Linie der überkommenen deutschnationalen Parteielite übten sie scharfe Kritik. Namentlich in Niedersachsen assoziierte sich die Gemeinschaft unabhängiger Deutscher (GuD) um Fritz Dorls, Franz Richter (alias Fritz Rößler), Otto-Ernst Remer und Gerhard Krüger der dortigen Deutschen Rechtspartei; in Hessen erschloss sich die NDP durch den ebenfalls neo-nationalsozialistisch orientierten Wiesbadener Kreis um Karl-Heinz Priester ein weiteres regionales Standbein. Spektakuläre kommunale Wahlerfolge der NDP, die im April 1948 im hessischen Wiesbaden 24,4 % erreichte (landesweit: 3,4 %) und der Deutschen Rechtspartei, die es im November im niedersächsischen Landkreis Gifhorn auf 30,7 % brachte (landesweit: 3,8 %, wobei die Partei in Wolfsburg fast 70 % erreichte) (vgl. Jenke 1961, S. 58 ff.; Schmollinger 1986e, S. 1014; Dudek und Jaschke 1984, Bd. 1, S. 191 ff.), ließen sich auf das Konto des neo-nationalsozialistischen Flügels verbuchen. Diese Kräfte forderten nun eine stärkere Repräsentation in ihren jeweiligen Mutterparteien ein. Ungeachtet erheblicher innerparteilicher Spannungen hielten DKP-DReP und NDP zunächst an ihren Versuchen fest, den NS-orientierten Flügel zu integrieren. Erst nach der Bundestagswahl kam es zur Dissoziation: Nachdem die DKP-DReP die bekanntesten GuD-Aktivisten ausschloss, begründeten diese im Oktober 1949 die offen neonazistische Sozialistische Reichspartei (SRP) (vgl. Büsch und Furth 1957; Jenke 1961, S. 73 ff.; Tauber 1967, S. 689 ff.; Schmollinger 1986d; Dudek und Jaschke 1984, Bd. 1, S. 64 ff.; Frei 1999, S. 326 ff.; Gnad 2005a; Hansen 2007). Die Gruppe um Karl-Heinz Priester schied kurz darauf auf eigene Initiative aus der NDP aus, schloss sich zunächst der SRP an, ging dann aber eigene Wege (Frederik o. J., S. 69 ff.; Tauber 1967).

Nur aufgrund ihrer regionalen Verankerung in Niedersachsen gelang es der DKP-DReP, mit fünf Mandaten in den ersten deutschen Bundestag einzuziehen. Über die hessische Wahlliste der F.D.P. ins Parlament gelangt, schloss sich Heinrich Leuchtgens, die Führungsfigur der NDP, entsprechend den Vereinbarungen der gemeinsamen Arbeitsgemeinschaft diesen Abgeordneten an, die jetzt unter der Bezeichnung „Nationale Rechte" auftraten. Zu klein für eine Fraktion, zerfiel die Gruppe rasch. Die „Nationale Rechte" war auf parlamentarischer Ebene gescheitert. Die Bezeichnung überlebte noch für einige Jahre, als nach der Gründung der DRP versprengte Parteireste unter diesem Namen auftraten.

Schon in diesen Jahren zeigen sich die typischen Fliehkräfte, die auch in späterer Zeit nationaloppositionelle Parteien regelmäßig – trotz ihres kleinen Mitgliederkreises – einer starken Dehnung und Überdehnung aussetzten. Diese Fliehkräfte wirkten in zwei Richtungen: Einerseits hielt ein Flügel der jeweiligen Parteien den nationaloppositionellen Fundamentalismus nicht durch, zog sich resigniert zurück oder suchte Wege der politischen Partizipation und assimilierte sich nach und nach dem politischen System der parlamentarischen Demokratie. Auf der anderen Seite drängte ein radikaler, zumeist am historischen Nationalsozialismus ausgerichteter Flügel auf Radikalisierung, was sich auf eine Strategie fundamentaloppositioneller Legalität negativ auswirkte und mittelfristig zu Aus- und Abgrenzungsprozessen führen musste. Das bedeutete in der Regel den Verlust eines besonders mobilisierungsfähigen Teils der Anhängerschaft. Brachten diese Fliehkräfte die angestrebte „nationale Sammlung" zum Scheitern, so blieb letztlich nur die prekäre Alternative, der sich die DKP-DReP bereits um die Jahreswende 1949/1950 ausgesetzt sah: „eine Randexistenz im bürgerlichen Spektrum des Parteisystems oder eine Randexistenz im heterogenen Lager der ‚Nationalen Opposition' zu führen" (Schmollinger 1986e, S. 1024).

Die Hinwendung weiter Teile des bürgerlich-nationalen Potenzials zu den Unionsparteien und ihren bürgerlichen Bündnispartner einerseits, die Herausbildung einer neo-nationalsozialistischen Wahlpartei andererseits zwangen die verbliebenen integrationsorientierten Kräfte der nationalen Opposition zu engerer Zusammenarbeit. Wenige Monate nach der Dissoziation der SRP gründete der niedersächsische Landesverband der Deutschen Rechtspartei, dem auch der spätere NPD-Vorsitzende Adolf von Thadden angehörte, gemeinsam mit der NDP im Januar 1950 die Deutsche Reichspartei. Dieser Schritt hatte zum Ziel, „die jeweiligen innerparteilichen Oppositionsgruppen zu domestizieren" und zugleich die „Verhandlungschancen für eine beabsichtigte, innerparteilich aber umstrittene Fusion" mit der Deutschen Partei (DP) zu verbessern (Schmollinger 1986b, S. 1113). Die DP selbst schwankte zu diesem Zeitpunkt noch zwischen radikal-nationalistischer Fundamentalopposition und einem Kurs der Unterstützung der bürgerlichen Koalition Adenauers, welcher sich relativ bald durchsetzen konnte. Beim Versuch, beiden Richtungen der zentrifugalen Kraftentfaltung entgegen zu wirken, galt es, erhebliche innere Widersprüche zu überwinden. Was die beiden Fusionspartner, aus denen die DRP entstand, „trotz ihrer organisatorischen Schwäche und trotz ihrer unterschiedlichen politischen Orientierungen nachgerade zusammenzwang, war ihre Einschätzung, daß in der Konkurrenz zur SRP ein deutschnationaler Parteikurs, wie ihn der DKP-DReP-Vorstand … vertrat, zum Scheitern führen werde. Sie strebten vielmehr eine Synthese, zumindest aber ein Bündnis von deutschnationaler und nationalsozialistischer Tradition an" (Schmollinger 1986b, S. 1114).

Die Geschichte der Deutschen Reichspartei lässt sich, aufs Ganze besehen, als Versuch beschreiben, die eigene organisatorische Struktur mit dem Ziel auszubauen, sie in eine breitere, umfassendere nationaloppositionelle Sammlungspartei zu überführen. Mit der Gründung der NPD im Jahr 1964, die maßgeblich von DRP-Funktionären initiiert worden war und für die der DRP-Apparat das organisatorische und personelle Rückgrat stellte, war diese Sammlungsbewegung Mitte der 1960er Jahre erfolgreich geschaffen worden. Daher hat es durchaus seine sachliche Berechtigung, wenn die Forschungsliteratur die DRP zunächst vor allem als „Vorläuferin der NPD erwähnt" (Dudek und Jaschke 1984, Bd. 1, S. 181; vgl. Sowinski 1998, S. 7).[2] Für die parteipolitische Entwicklung der extremen Rechten in der Bundesrepublik kommt der DRP eine „Schlüsselstellung" zu: Nicht nur stellte sie 1964 „die organisatorische Infrastruktur und personelle Substanz für die NPD bereit, in ihr bündeln sich auch 1950 die diversen Strömungen der ‚nationalen Opposition', in ihr sammeln sich die Versprengten der gescheiterten Fusionsbemühungen des rechten Lagers: nationalkonservative Vertreter ebenso wie ehemalige Nationalsozialisten" (Dudek und Jaschke 1984, Bd. 1, S. 181). Dabei waren es einflussreiche Glieder von Apparat und Parteileitung, die

---

[2]In diesem Sinne behandeln die DRP u. a. Smoydzin 1967, S. 81 ff.; Niethammer 1969, S. 55 ff.; Kühnl et al. 1969, S. 23 ff.; Hoffmann 1999, S. 47. Eigenständige Darstellungen bei Jenke 1961, S. 231 ff. und passim; Tauber, 1967, S. 740 ff.; Schmollinger 1986b; Gnad 2005b; vgl. auch Rowold 1974, S. 209 ff.; Backes und Jesse 1989, S. 55 ff.; Stöss 1989, S. 133 ff.; Assheuer und Sarkowicz 1992, S. 14 ff.

an der Sammlungspolitik festhielten. So unterscheidet sich die DRP von anderen nationalistischen Gruppen unter anderem dadurch, dass sie „nicht zu den kleinen doktrinären Führerorden" gehörte, sondern „stets kollektiv geführt" wurde und „stets das größte Gewicht ihrer Tätigkeit auf den Ausbau der Organisation und eine publikumswirksame Propaganda" legte (Niethammer 1969, S. 55 f.). Es ist bemerkenswert, dass die Gründung der DRP offenbar realistischer Weise nicht als Abschluss der nationalen Sammlung begriffen wurde, sondern nur als Durchgangsstadium.

Aus der Perspektive der Kontinuitätsproblematik heraus ist die DRP aufgrund ihres transitorischen Charakters und – dies ist die andere Seite derselben Medaille – zugleich als organisatorische Garantin der Kontinuität von Bedeutung. Wie Manfred Rowold Mitte der 1970er Jahre bemerkte, stellt „der DRP-Apparat das eigentliche Kontinuum des Rechtsradikalismus in der Bundesrepublik [dar], weit mehr als etwa geistige Offensivkraft oder weltanschauliche Tradition" (Rowold 1974, S. 213). Dies aber nur, weil und insoweit es der DRP gelang, ihren Apparat, einen Teil des Personals und die weltanschaulich-politische Grundbotschaft des radikalen Nationalismus über die für die extreme Rechte problematischen 1950er Jahre hinaus zu konservieren, zu transformieren und in eine breiter angelegte Sammlung zu überführen. Dieses Grundverständnis, dass die DRP nicht Endpunkt einer nationaloppositionellen Sammlungspolitik, sondern ihr Ausgangspunkt oder ihr Medium ist, bestimmte denn auch einen wesentlichen Teil der politischen Praxis dieser Partei, die in unermüdlichem Chambrieren und Antichambrieren zugunsten immer neuer Bündnisoptionen bestand. Über den einzuschlagenden Weg wurde nie abschließend Einigkeit erzielt, zumal die programmatische Offenheit der DRP „es den verschiedenen Parteitendenzen … ermöglichte, gegen die jeweils vorherrschende Ideologie, Programmatik und Praxis vorzugehen" (Schmollinger 1986b, S. 1117; vgl. Dudek und Jaschke 1984, Bd. 1, S. 257 ff.). Verloren diese Sammlungsversuche zeitweilig an Fahrt, so waren es jeweils bevorstehende Wahlen, insbesondere auf Bundesebene, die zu erneuten Versuchen der Kräftekonzentration führten: „Die Partei wird dadurch integriert, daß sie, wo immer möglich, an Wahlen teilnimmt und sich um des großen, kaum näher definierten Zieles willen zur Wahlkampfgemeinschaft formiert" (Niethammer 1969, S. 55).

Unter anderem daraus resultieren die programmatischen Schwankungen im Kurs der Partei, die ihre Geschichte in den 1950er Jahren bestimmen. Zwar stand die DRP bereits in der ersten Phase ihrer Existenz für die auf Überzeugungstreue beharrenden ehemaligen Nationalsozialisten offen, sie wurde aber zunächst von der Mobilisierungskraft der SRP deutlich überflügelt. Noch verhältnismäßig stark durch den deutschnationalen Konservatismus geprägt, orientierte sie vornehmlich auf Bündelung der Kräfte rechts von der Union, unter Einbeziehung namentlich auch der kleineren bürgerlichen Rechtsparteien. Mit dem Verbot der SRP 1952 und dem vollständigen Scheitern der nationaloppositionellen Wahlparteien bei der Bundestagswahl 1953 stellte sich in der „Zeit der Flaute" (Frederik o. J., S. 30) für die DRP jene widersprüchliche Situation ein, die die Partei spätestens seit der zweiten Phase ihrer Entwicklung charakterisieren sollte: Einerseits musste sie sich in einem politisch irrelevanten Randbereich der politischen Kultur der Bundesrepublik einrichten; andererseits wurde sie zur hegemonialen Kraft innerhalb der nationalen Opposition, indem sie nach dem Verbot der SRP zahlreichen Parteiführern, die sich „primär rechtsextremistischen ideologischen Traditionslinien verpflichtet fühlten, […] angemessene Aktionsmöglichkeiten zur Verfolgung ihrer antidemokratischen Perspektiven" bot (Schmollinger 1986d, S. 2331; vgl. Schmollinger 1986b, S. 1150; Sowinski 1998, S. 32 ff.). Zugleich gelang es der DRP, in den süd- und südwestdeutschen Raum vorzudringen, wo bislang die konkurrierende Deutsche Gemeinschaft (DG) vorherrschend gewesen war (vgl. Stöss 1986b).

Der Preis für die Hegemonie war ein charakteristischer programmatischer Opportunismus. Hatten die Vorläuferparteien der DRP in der Besatzungszeit noch an eine dem Nationalsozialismus gegenüber distanzierte, teilweise legitimistische Position anzuknüpfen versucht, und stand die DRP in den ersten Jahren einer antibolschewistischen Westorientierung noch relativ offen gegenüber, so schwenkte sie 1953 auf einen nationalneutralistischen Kurs um. Der programmatische Opportunismus der DRP – der in späteren Erfolgsphasen auch die NPD charakterisieren sollte – bezog sich mithin nicht auf die Masse der Wahlbevölkerung, orientierte sich im Gegenteil sogar an einer schmalen dissidenten Minderheit, die gesellschaftlich und politisch isoliert blieb. Er darf also nicht mit einer rechtspopulistischen „Catch-All"-Politik verwechselt werden, wie sie vor allem seit den 1980er Jahren in verschiedenen europäischen Ländern relevant wird (vgl. Pfahl-Traughber 1994; Kitschelt und McGann 1995; Mudde 2007) oder gegenwärtig die Partei Alternative für Deutschland (AfD) (vgl. Lewandowsky 2015; Bebnowski 2015; Häusler 2016) charakterisiert. Der Opportunismus der DRP reagierte vielmehr auf die im nationalen Milieu gerade vorherrschende Stimmungslage und stand in engem Zusammenhang mit einer in der Literatur häufig formulierten Eigenheit der DRP-Programmatik: Ihrer relativen Offenheit und Unbestimmtheit. Nach Niethammer sei die DRP „nicht an ein bestimmtes

Programm, eine fixierbare Ideologie oder eine bleibende Trägerschicht gebunden, sondern sie steht nur ganz ungefähr für eine Mentalitätsrichtung …, hebt sich von ihren ursprünglichen sozialen Voraussetzungen ab und reproduziert sich als Institution" (Niethammer 1969, S. 56; vgl. Schmollinger 1986b, S. 1117 ff.; Dudek und Jaschke 1984, Bd. 1, S.208 ff.; Sowinski 1998, S. 211 ff.). Damit zog sie durchaus Lehren aus vorangegangenen Phasen radikalnationalistischer und völkischer Politik. Hier hatten programmatische Debatten oft zu erbittertem Widerspruch, Spaltung und Sektenbildung geführt.

Als sich Ende der 1950er Jahre erste Risse in der durch Adenauer integrierten bürgerlichen Parteienlandschaft zeigten, gelang es der Deutschen Reichspartei, im Vertrauen auf die stabile Anbindung des NS-orientierten Teils der Anhängerschaft, nicht zuletzt durch programmatischen Wandel die bündnispolitische Basis erneut auszudehnen. Eine Gruppe um Adolf von Thadden und den Verleger Waldemar Schütz schuf sich mit der „Deutschen Wochenzeitung" ein von der Parteiführung unabhängiges Organ und erreichte schrittweise die Abkehr vom bisherigen Kurs, die zum Ausscheiden der Neutralisten um den bisherigen Parteivorsitzenden Heinrich Kunstmann führte. So isoliert die DRP gesamtgesellschaftlich war – innerhalb der nationalen Opposition hatte sie ihre hegemoniale Stellung trotz ihrem kritischen Zustand halten können. Dass es für die am Nationalsozialismus orientierten Strömungen keine Alternative gab, bildete für die DRP das sichere Fundament, von dem aus sie an eine Erweiterung ihres Einflusses denken konnte. Dabei betonte sie nun ihren überkommenen, nie wirklich abgelegten Antibolschewismus und konnte so einen Teil des nationalistisch orientierten bürgerlichen Lagers ansprechen, sobald die Bundesregierung sich vorsichtig einem Entspannungskurs anzunähern begann. Einerseits hoffte die nationale Opposition, von den Friktionen innerhalb des Regierungslagers zu profitieren, die in den 1960er Jahren zur Auflösung der Adenauer'schen Kanzlerdemokratie führten. Zugleich konnte sie aber auch auf eine neue Entwicklung innerhalb des nationalistischen Milieus rechnen. Seit dem Ende der 1950er Jahre rückte eine junge, in radikalnationalistischen Jugendbünden und -verbänden herangewachsene Generation von Anhängern nach und suchte, beflügelt von aktionistischem Drang, nach einem politischen Betätigungsfeld. Unmittelbar stürzte dieser Aktivismus die DRP allerdings in eine Krise, als sie seit Dezember 1959 in eine Aufsehen erregende Welle antisemitischer Schmierereien verwickelt wurde (Dudek und Jaschke 1984, Bd. 1, S. 266 ff.). Dies dürfte der DRP bei den Bundestagswahlen 1961 erheblich geschadet haben; jenes jüngere rechtsextreme Personenpotenzial mündete gleichwohl in die Wähler-, Mitglieder- und Aktivistenbasis der NPD mit ein.

Die Gründung der Nationaldemokratischen Partei Deutschlands im Jahr 1964 scheint zunächst nicht viel mehr als ein neuerlicher Versuch der DRP gewesen zu sein, ihre Sammlungspolitik voranzubringen. Dennoch weicht die NPD-Gründung – und dies scheint eine Bedingung der frühen Erfolge dieser Partei gewesen zu sein – markant vom bisherigen Entwicklungspfad der nationaloppositionellen Sammlungsversuche ab. Nachdem mehrere Ansätze, zur Bundestagswahl 1965 mit den verschiedenen Parteiführungen eine Bündelung der rechtsextremen Kräfte auszuhandeln, an den üblichen Querelen, Konkurrenzen und Unstimmigkeiten über Programm, Strategie, Praxis, Organisation oder Personalia gescheitert waren, versuchte der sammlungswillige Kern der DRP, den Weg zunächst über das lose Wahlbündnis an der Basis zu gehen. Daher vermied man es diesmal, bestehende Parteien formell fusionieren oder sich einander assoziieren zu lassen. Es entstanden vielmehr ab 1963 zunächst Arbeitsgemeinschaften und freie Listenverbindungen auf kommunaler oder Landesebene. Die Gründung der Partei selbst, die im Herbst 1964 erfolgte, stellte sich nach außen als Initiative zahlreicher Einzelpersonen dar, welche zum Neuanfang bereit waren. Diese Bereitschaft wurde forciert durch die Zulassung von Doppelmitgliedschaften, die „für ein Wahlbündnis durchaus üblich" (Rowold 1974, S. 228) ist, für die DRP aber besondere Vorteile mit sich brachte. Denn so konnten Apparat und Mitgliederbestand als wichtigster Aktivposten in die NPD eingebracht werden, während gleichzeitig „ein Rückzug auf alte Positionen der Reichspartei offen blieb" (Rowold 1974, S. 228). Sobald sich die NPD etabliert hatte und die DRP-Funktionäre sich der Kontrolle über den Apparat sicher sein konnten, wurde dieser Vorbehalt überflüssig. Die DRP löste sich 1965 zugunsten der NPD auf; gleichzeitig wurde die Freigabe von Doppelmitgliedschaften satzungsmäßig beendet.

Hinter den Kulissen handelte es sich in einem solchen Maße um einen vom DRP-Apparat initiierten, forcierten und gesteuerten Prozess, dass man zu dem Schluss gelangen kann, es sei eigentlich nur „der Vorgang der faktischen Parteifusion verschleiert" worden. (Rowold 1974, S. 228; vgl. Niethammer 1969, S. 66 f.). Aber dem sammlungswilligen Kreis ging es um mehr. Dies zeigt sich an der Bereitschaft, selbst in die zweite und dritte Reihe zurück zu treten und stattdessen prominente Führungspositionen mit Personen zu besetzen, die keine besonders gravierende nationalsozialistische Vorbelastung aufwiesen und auch nicht mit den nationaloppositionellen Parteien und Organisationen der Nachkriegszeit in Verbindung gebracht wurden. Stattdessen wurde die Absicht verfolgt, „auf allen Ebenen der Partei bürgerlich-konservative, politisch unbelastete Personen in repräsentative Positionen zu bringen und gleichzeitig den Parteiapparat zu kontrollieren" (Rowold 1974, S. 220 f.). Die Zugeständnisse gingen aber noch weiter und betrafen etwa auch die Programmatik, die Namenswahl und die strategische Orientierung. Es hat mithin den Anschein, als wäre es den Protagonisten der NPD-Gründung tatsächlich darum gegangen, aus dem selbst gewählten fundamentaloppositionellen Winkel heraus zu kommen, das Versprechen einer konstruktiven parlamentarischen Opposition zu geben, sich sogar zur Duldung bürgerlicher Regierungen bereit zu finden, wenn nicht gar zur Beteiligung an Koalitionen. Programmatische und strategische Offenheit, die die frühe NPD vielleicht noch stärker prägte als ihre Vorläuferpartei, garantierten zugleich die Integration des entschieden nationaloppositionellen und des neo-nationalsozialistischen Spektrums in die NPD.

Für die Bundestagswahl 1965 kam die NPD offenbar zu spät, denn sie erzielte nur 2 % der Stimmen; auch in Hamburg erreichte sie im folgenden Jahr nur 3,9 %. Der Karlsruher Bundesparteitag im Juni 1966, mit einer viel beachteten, hoch umstrittenen Rede des völkischen Ideologen Ernst Anrich, verschaffte der Partei breitere Aufmerksamkeit. Im November überwand sie in Bayern erstmals die 5 %-Hürde und zog in den folgenden beiden Jahren bei allen anstehenden Landtagswahlen, nämlich in Hessen, Bremen, Niedersachsen, Rheinland-Pfalz, Schleswig-Holstein und schließlich Baden-Württemberg, in die Parlamente ein (Scheuch et al. 1969; Gnad 2005b, c; Kopke 2009; Prasse 2010). Es gelang ihr, ihre Mitgliederzahlen deutlich zu steigern, ihre Organisation erheblich auszubauen und eine Reihe von Nebenorganisationen zu etablieren. Die bereits von der Deutschen Reichspartei erreichte Hegemonie innerhalb des radikalen Nationalismus konnte die NPD verteidigen.[3] Dabei verlief der Aufstieg der NPD keineswegs gradlinig und störungsfrei. In organisatorischer Hinsicht spricht Niethammer treffend von einer „Konsolidierung trotz Krisen" (Niethammer 1969, S. 66 ff.). Neben anderen Querelen ist hier besonders an die Konflikte in der Parteiführung zu denken, in deren Gefolge 1967 der erste Parteivorsitzende Fritz Thielen die Partei verlassen musste und Adolf von Thadden den Vorsitz übernahm (Dudek und Jaschke 1984, Bd. 1, S. 321 ff.; Hoffmann 1999, S. 84 ff.).

---

[3]Die 1961 beim Ausscheiden der Nationalneutralisten aus der DRP gegründete Deutsche Freiheitspartei (DFP) versuchte zwar 1965 mit der Deutschen Gemeinschaft und anderen neutralistisch orientierten Gruppen in Form der Aktionsgemeinschaft Unabhängiger Deutscher (AUD) eine konkurrierende Partei zu etablieren, konnte aber keine Wahlerfolge erzielen, vgl. Stöss 1980, 1986 f.

Programmatisch bestimmten die bereits in der Deutsche Reichspartei geübte
Offenheit und der binnenkulturelle Opportunismus das Bild (Schmollinger 1986c,
S. 1929 ff.; Dudek und Jaschke 1984; Hoffmann 1999, S. 300 ff., 274 ff.). Als
Wahlbündnis konstituiert, gab sich die NPD zunächst überhaupt kein Programm,
sondern – ähnlich wie in ihrer Frühphase Deutsche Reichspartei und Sozialistische Reichspartei – nur eine Art offener Agenda, das „Manifest" der NPD. Ernst
Anrichs Karlsruher Rede[4] galt dann als programmatisches Schlüsseldokument,
bis Ende 1967 auf dem Hannoveraner Parteitag ein Parteiprogramm verabschiedet wurde. Während das Programm wiederum stark im Unverbindlichen verblieb,
entstand gleichzeitig unter maßgeblichem Einfluss Anrichs im Verlag des Thad-
den-Vertrauten Waldemar Schütz als weiteres zentrales programmatisches Dokument das „Politische Lexikon" der NPD.

Das eigentliche Element historischer Kontinuität ist in der Überführung des
Apparats und Funktionärskörpers der Deutschen Reichspartei in die NPD zu
sehen, welcher dann auch über die Desintegrationsprozesse der Jahre 1969/1971
hinaus das stabile Gerüst für die Partei bildete. Die Deutsche Reichspartei brachte
vor allem Personal mit organisatorischer Erfahrung und stabiler Vernetzung mit,
zumal sie in der Aufbauphase ja formal weiter existierte, also über Kommuni-
kationskanäle verfügte, durch die sie die NPD beeinflussen konnte, die aber der
Kontrolle der übrigen Bündnispartner völlig entzogen blieben (vgl. Niethammer
1969, S. 67). Zugleich hatte es von Thadden bereits bei der Gründung erreicht,
die Organisationsleitung der NPD in die Hand zu bekommen. In Vorständen und
Gremien der Partei sicherte sich die „Thadden-Clique" eine Vormacht. So wurden
„in den Landesvorständen … regelmäßig … die zentralen Ressorts wie Finanzen,
Organisation, Presse und Propaganda, nicht selten auch das Schiedsgericht mit
Kräften besetzt, die sich schon als DRP-Funktionäre, häufig in denselben Ämtern,
bewährt hatten" (Niethammer 1969, S. 67). Auch Parteibüros brachte die DRP in
die NPD ein. Als zweites „Faustpfand" (Niethammer 1969, S. 67, 70) der DRP
darf die Parteizeitung gelten. Das bislang unter dem Titel „Der Reichsruf" her-
ausgegebene Organ erschien seit Januar 1965 als NPD-Parteizeitung unter dem
Namen „Deutsche Nachrichten". Deren Gesellschafterkreis war „nahezu mit der
ehemaligen DRP-Führung identisch" und führte „in einem neuen Gewande und
mit neuen Mitteln die auf der politischen Bühne nachhaltig gescheiterte Linie
der verflossenen Reichspartei fort" (Kohl 1968, S. 272; vgl. Bröder 1969; Hoffmann 1999, S. 429 ff.). Ungeachtet dieser Kontinuitäten kann die NPD „nicht

---

[4]Auszugsweise dokumentiert bei Richards 1967, S. 112 ff.; Maier und Bott 1968, S. 88 ff.;
vgl. Niethammer 1969, S. 79 ff.

ausschließlich als Nachfolgepartei der DRP betrachtet werden" (Kaltefleiter 1966, S. 137). Es handelte sich nicht um die Neubenennung, Umgruppierung oder Reform einer bestehenden Organisation, sondern es entstand wirklich eine neue Partei. Dies zeigt sich zumal bei den Wählerinnen und Wählern. Denn die NPD erschloss dem nationaloppositionellen Spektrum neue Wählerschichten in geografischer, sozialräumlicher, sozialer und generationeller Hinsicht, und es gelang ihr, „die Grenzen ihrer traditionellen, rechtsextremen Wählerhochburgen weit zu überschreiten. So drang sie in Regionen und Wählergruppen vor, in denen ihre Vorläufer erfolglos gewesen waren" (Schmollinger 1986c, S. 1956). Insbesondere verlagerte sich der Schwerpunkt vom ländlich geprägten, norddeutschen Raum in den Süden und Südwesten, wobei sich jetzt auch städtische Wählerschichten, zu einem bedeutenden Teil aus der Arbeiterschaft, angesprochen fühlten. „Die Sozialstruktur der NPD-Wähler hatte sich gegen Ende der sechziger Jahre ... an die der Gesellschaft der Bundesrepublik angenähert ...: Ihre Wählerschaft war sozial breit gefächert" (Schmollinger 1986c, S. 1981; vgl. Scheuch et al. 1969). Generationell gelang es der NPD in der Zeit ihrer Wahlerfolge, zusätzlich zu den älteren Anhängern, die den Nationalsozialismus noch als Erwachsene erlebt hatten, Nationalisten aus zwei jüngeren, während der nationalsozialistischen Herrschaft und nach deren Ende geborenen Jahrgangskohorten ein politisches Betätigungsfeld zu bieten.

Gerade dieses Echo der NPD unter radikalen, aktivistischen, durch das „Vorbild" des politischen Gegners aufseiten der linken außerparlamentarischen Opposition zusätzlich radikalisierten jüngeren Anhängern geriet aber in Konflikt mit der „bürgerlichen" Linie der Partei. Angesichts des öffentlichen Gegendrucks radikalisierte sich das Auftreten der NPD. Nachdem im Gefolge der Studentenbewegung gewalttätige Protestformen insgesamt zunahmen, provozierten NPD-Veranstaltungen immer häufiger Ausschreitungen. Aber auch die Unfähigkeit der NPD, mit gewaltfreiem demokratischen Meinungsstreit umzugehen, beförderte diese Eskalation nachhaltig; zur Abschottung kamen gewalttätige Übergriffe auf Gegendemonstranten, und die NPD baute einen militanten Ordnerdienst (OD) auf. Die Kampagne zur Bundestagswahl 1969 führte fast überall zu heftigen Protesten, auf deren Höhepunkt der Leiter des Ordnerdienstes Schüsse auf Demonstranten abgab. Dies wirkte sich äußerst negativ auf die öffentliche Wahrnehmung der Partei aus und hat die NPD möglicherweise die entscheidenden Stimmen gekostet, die zum Einzug in den Bundestag nötig gewesen wären. So reichte es nur für 4,3 %. Die nun einsetzende Desintegration war eine Wirkung jener gegenläufigen Fliehkräfte, die nach der Wahlniederlage nicht mehr integriert werden konnten.

2.3   Zwischen den Strömungen des Rechtsextremismus

Nach dem Scheitern ihrer politischen Ambitionen bei der Bundestagswahl im Herbst 1969 setzte die NPD kurzzeitig auf die Karte des „Widerstands". Die, nach mehrmonatigem Vorlauf, im Oktober 1970 von der NPD und kleineren radikalnationalistischen Bündnispartnern initiierte „Aktion Widerstand" erwies sich indes aus Sicht der Parteiführung als katastrophaler Fehler (vgl. Niethammer 1971; Kopke 2010). In der „Aktion W" waren wesentliche Elemente der Entwicklung des radikalen Nationalismus der 1970er Jahre schon angelegt: Der Versuch der Annäherung an die Union oder an „heimatlos" gewordene nationalkonservative Kreise; ein neuer Aktivismus, der in Form und Auftreten auch Vorbilder der linken Protestbewegung imitierte; die Entstehung kleiner, gewaltbereiter prototerroristischer Gruppen, die teils offen neo-nazistisch, teils an anderen Vorbildern orientiert waren; Bemühungen um „Intellektualisierung" der Bewegung und Modernisierung ihres äußeren Erscheinungsbildes.

Die im Rahmen der Aktion Widerstand aufgetretenen Spannungen, Friktionen und Zielkonflikte beschleunigten zugleich einen Prozess, der bereits seit der Wahlniederlage 1969 eingesetzt hatte: Die nationalistische Sammlungsbewegung, die von der NPD organisiert worden war, brach jetzt wieder auseinander. Diese Desintegration zeigte sich auf allen Ebenen: Wähler, Mitglieder, Funktionäre und Führung drifteten gleichermaßen auseinander. Die Mitgliederzahlen begannen bereits seit 1970 kontinuierlich zu fallen. Bei den Wählern kam die Partei weder auf Bundes- noch auf Landesebene an, kommunale Hochburgen hielt sie nur ganz vereinzelt. Zu einigen wichtigen Wahlgängen trat sie gar nicht erst an. Die Parteizeitung Deutsche Nachrichten musste eingestellt werden. Dramatisch gestaltete sich die Führungskrise der NPD. Bereits seit dem Wertheimer Parteitag im Februar 1970 verließen Parteifunktionäre, die für einen gemäßigteren, bürgerlichen Kurs standen, die Partei. Auf dem Holzmindener Parteitag im November des folgenden Jahres kam es dann zum Eklat. Adolf von Thadden gab völlig überraschend – auch für den engsten Kreis seiner Mitstreiter – die Führung der NPD auf. Die parteiinternen Kritiker von Thaddens konnte sich aber ebenfalls nicht durchsetzen. Die Delegierten schenkten ihr Vertrauen Martin Mußgnug, einem jüngeren, aber durch den Apparat der DRP vorgeprägten Parteimann, den von Thadden vorgeschlagen hatte.

Während die Wähler sich überwiegend einer radikaler auftretenden, oppositionellen CDU zuwendeten, gingen die aktiven Anhänger und Mitglieder der Partei unterschiedliche Wege. Ein Teil der NPD-Anhänger suchte mittelfristig den Weg ins bürgerliche Parteienspektrum, insbesondere in die CDU, beziehungsweise in die politischen Kultur- und Interessenverbände am rechten Rand der Union sowie in die Vertriebenenverbände. Diese Gruppe wies teilweise Überschneidungen auf zu denjenigen Parteianhängern, die in der Deutschen Volksunion (DVU) des Münchener nationalistischen Verlegers Gerhard Frey eine neue Heimat fanden. Die DVU war zu diesem Zeitpunkt noch keine Partei und trat auch nicht zu Wahlen an, und in den 1970er Jahren empfahl sie ihren Mitgliedern in der Regel, ihre Stimme für die Unionsparteien abzugeben. Ein anderer Teil gründete 1972 eine Aktion Neue Rechte (ANR). Von hier aus entstanden Strömungen, die sich selbst der „metapolitischen", lang- und mittelfristig gedachten Beeinflussung der öffentlichen Meinung und politischen Kultur widmeten und die unter der etwas diffusen Sammelbezeichnung „Neue Rechte" zusammengefasst worden sind (vgl. Bartsch 1975; Feit 1987; Schönekäs 1990; Gessenharter und Pfeiffer 2004). Im Laufe der 1970er Jahre bildeten sich auch die ersten neo-nationalsozialistischen Kleingruppen mit nur schwacher oder völlig fehlender Anbindung an die „Erlebnisgeneration" und die mit ihnen verwandten aktionistischen, prototerroristischen „Wehrsportgruppen" heraus.

Die Suche nach einer eigenständigen, von anderen Teilen des Nationalen Milieus beziehungsweise der äußersten Rechten unterschiedenen, spezifischen NPD-Identität hat die Partei innerhalb des nationalen Lagers weiter isoliert. Bereits mit dem Wertheimer Manifest, der Überarbeitung des umstrittenen Politischen Lexikons und dem Düsseldorfer Programm von 1973 setzte ein Prozess der programmatischen Selbstverständigung ein. Ab Mitte der 1970er-Jahre war die Partei für einige Jahre bestimmt von „programmatischen Profilierungsversuchen", welche „vor allem von Mitgliedern der NPD-Suborganisation ‚Junge Nationaldemokraten' betrieben [wurden], die zum Teil von nationalrevolutionären Positionen der Neuen Rechten beeinflußt waren" (Schmollinger 1986c, S. 1928). Die Jungen Nationaldemokraten (JN) entwickelten sich zum dynamischsten Glied der NPD. Von ihnen gingen wichtige Impulse für Programmatik, Praxis und neue Formen des Auftretens aus. Erst 1970 wirklich bundesweit konstituiert, versuchten sie in den folgenden Jahren, sich selbst wie die Mutterpartei als „Dritte Kraft" oder „Dritte Position" zwischen den beiden „imperialistischen" Welt- und „Besatzungsmächten", den USA und der UdSSR, zu positionieren. Sie verbanden rebellische Attitüde mit politischer Schulung. Zugleich hielten sie Kontakt zu den befreundeten Jugendverbänden Bund Heimattreuer Jugend (BHJ) und Wiking Jugend (WJ), zu den Wehrsport- und Neonazikreisen, nationalrevolutionären Zirkeln und zu nationalkonservativen Milieus. Vorläufig zum Erliegen, wenn auch nicht ganz zum Ende gekommen, war der für die NPD zunächst prägende, von der DRP und ihren Vorläuferinnen ererbte Sammlungsgedanke, die eigentliche Existenzbegründung dieser Parteien in der Vergangenheit. Die NPD beschränkte den Kreis der von ihr erreichbaren Personen erheblich: Sie beschnitt auf der einen Seite den aktivsten und dynamischsten Teil ihrer Anhängerschaft, die pronationalsozialistische wie auch die nationalrevolutionäre Strömung, welche sich ihrerseits von der Partei, die ihnen zunehmend „reaktionär" erschien, abwandten. Gleichzeitig aber vertiefte sich auch die Kluft zu den eher bürgerlich orientierten Kreisen, die sich der DVU anschlossen.

Die 1970er Jahre stellen mithin in der krisenreichen Geschichte der nationalen Opposition das kritischste Jahrzehnt dar: „Zu keinem Zeitpunkt … in der Geschichte der Bundesrepublik war der Rechtsextremismus so unbedeutend … wie in den siebziger Jahren" (Hoffmann 1999, S. 137). Die Lage der NPD ist dabei sicher nicht unabhängig von den allgemeinen politischen Rahmenbedingungen zu sehen. Ein progressiver Zeitgeist, politische wie kulturelle Prozesse der Überwindung enger nationaler Grenzen, entspannungspolitische Tauwetterlagen und eine in der Opposition radikalisierte Union ließen kaum Spielraum für den Rechtsextremismus. Schmollinger sprach vom „Niedergang der NPD bis zur Bedeutungslosigkeit" (Schmollinger 1986c, S. 1928). Dennoch sollte auch diese Phase nicht ausschließlich ‚verfallsgeschichtlich' gedeutet werden. Im Rückblick stellt sich vielmehr heraus, dass die Krise von einem Milieu- und Bewegungskern, der dem nationalen Lager verbunden blieb, genutzt wurde, um verschiedene Antworten auf die neue Lage und die veränderte Welt zu erproben, mit unterschiedlichen Formen und Inhalten zu experimentieren.

Dabei blieb die Fortexistenz der NPD eine organisatorische Voraussetzung für die etwa ein Vierteljahrhundert später einsetzende Re-Integration der auseinander gerissenen Entwicklungslinien. Schon in den 1980er Jahren begann ein sehr langsamer, sehr zögerlicher und erneut krisenhafter Prozess der Konsolidierung auf niedrigem Niveau. Tatsächlich hatte die NPD relativ früh erkannt, dass im kommenden Jahrzehnt Politik rechts von der Union unbedingt mit der Thematisierung der „Ausländerfrage" zu verbinden war, welche sich hervorragend mit rechtsextremen Inhalten aufladen ließ (vgl. bereits Bott 1969). Um die Wende zu den 1980er Jahren griffen NPD-Gliederungen bündnispolitische Sammlungsbemühungen an der Basis zaghaft wieder auf und experimentierten in einzelnen Kommunen recht erfolgreich mit Wahllisten oder „Bürgerinitiativen für Ausländerstopp" (vgl. Schmollinger 1986c, S. 1942). Verstrickungen ihrer Jugendorganisation mit gewaltbereiten Gruppierungen innerhalb des Rechtsextremismus beförderten eine Abgrenzung von den Organisationen und Positionen des Neonazismus, auch durch Unvereinbarkeitsbeschlüsse. Seit etwa 1982/1983 gab sich die NPD für einige Zeit bürgerlich und seriös, rückte demonstrativ die Farben schwarz-rot-gold an die Stelle der alten Reichsfarben schwarz-weiß-rot und trat insgesamt moderat auf, während sie gleichzeitig Ressentiments gegen Asylbewerber und andere Migranten aufgriff und politisch ausnutzte. Bereits zu diesem Zeitpunkt setzte die Debatte um ein neues, deutlich modernisiertes und moderat gehaltenes Parteiprogramm ein, das allerdings erst 1987 verabschiedet werden konnte. Die Bundestagswahl im März 1983 brachte erneut nur verschwindend geringe Wahlergebnisse; waren die Anteile jedoch von 1972 (0,55 %) zu 1976 (0,32 %) abgefallen und 1980 auf nur noch 0,18 % gesunken, bedeute das Ergebnis von 0,23 % immerhin einen geringfügigen Stimmenanstieg; 0,8 % bei den Europawahlen 1984 galten als Achtungserfolg. Nachdem auch die Bundestagswahl im Januar 1987 immerhin noch 0,6 % gebracht hatte, suchte die NPD wieder politische Bündnispartner. Im April traf sie Absprachen mit der Deutschen Volksunion, die sich inzwischen als Wahlpartei konstituiert hatte, um konkurrierende Kandidaturen zu vermeiden und gegebenenfalls unter dem Namen „Liste D" mit anzutreten. In Bremen erreichte die DVU damit im September 1987 über 3 %, konnte in Bremerhaven die Fünf-Prozent-Hürde überspringen und entsprechend den besonderen Bestimmungen des bremischen Wahlrechts einen Abgeordneten in die Bürgerschaft entsenden. Trotz der starken Konkurrenz seitens der 1983 als Abspaltung von der Christlich-Sozialen Union (CSU) gegründeten Partei Die Republikaner (REP) (vgl. Funke 1989; Stöss 1990; Hennig 1991; Jaschke 1993), schien es für die NPD in der zweiten Hälfte der 1980er Jahre bergauf zu gehen (vgl. Müller 1989, S. 58 ff.; als regionale Fallbeispiele: Zaleshoff 1989; Hennig 1991). Auch der Wahlerfolg der REP in Berlin im Januar 1989 konnte als Beleg für ein gewachsenes rechtsextremes Wählerpotenzial verstanden werden.

2.4   Im Zeichen des Neonazismus

Die Ereignisse der Jahre 1989/1990 waren für die NPD durchaus ambivalent.
Stets hatte sie auf deutschen Gebietsansprüchen beharrt, die über das Territorium
von Bundesrepublik und DDR hinaus gingen, und stets hatte sie erwartet, dass
mit einer Wiedervereinigung auch die Verfassungs- beziehungsweise Systemfrage
auf die Tagesordnung gesetzt werden würde. Ihre Hoffnung, die Ordnung
Deutschlands auf vermeintlich verfassungskonformem Wege radikal umgestalten
zu können, bezog sich auf die Präambel des Grundgesetzes. Ein Beitritt zur Bundesrepublik, wie er 1990 erfolgte, befriedigte die Wünsche der NPD nicht. Zwar
war man über den Fall des verhassten Regimes im Osten Deutschlands erfreut,
erkannte im nationalistisch aufgeladenen Jubel der Monate nach dem 9. November 1989 das Potenzial für eine radikalnationalistische Massenbewegung und
konnte nun endlich auch in „Mitteldeutschland"[5] Aktivitäten entfalten. Dem steht
aber gegenüber, dass es der NPD im Jahr 1990 nicht gelang, Vorteile aus dem
politischen Umbruch zu ziehen. Während konservativ oder national orientierte
Wähler die Unionsparteien und ihre ostdeutschen Bündnispartner favorisierten,
rechtsextrem orientierte Wählergruppen mit Blick auf einen raschen Beitritt denselben Weg wählten, fehlte der „Altherrenpartei" NPD die dynamische und akti-
vistische Kraft, die sich nur aus dem Umfeld des militanten Neo-Nationalsozialismus
gewinnen ließ (vgl. Harnischmacher 1993; Pfahl-Traughber 1993; Bugiel 2002).

Nachdem der Versuch einer Zusammenarbeit mit der DDR-Blockpartei Nationaldemokratische Partei Deutschlands (NDPD) gescheitert war, wurde noch im
Frühjahr 1990 eine Partei Mitteldeutsche Nationaldemokraten (MND) als Able-
ger in der DDR begründet, die im Zuge des Beitritts den Namen der westdeutschen Mutterpartei annahm und offiziell mit ihr fusionierte. Der – schleppende
– Aufbau von Gliederungen im Beitrittsgebiet konnte aber nicht darüber hinweg täuschen, dass die NPD bei der entscheidenden Wende der jüngsten deutschen Geschichte ratlos beiseite gestanden hatte und auch aus der verbreiteten
nationalistischen Stimmung und der rasch einsetzenden Hatz auf Ausländer und
politische Gegner durch Angehörige rechtsextremer Jugendsubkulturen keinen

---

[5]In der Bundesrepublik verwendet die nationale Opposition die territoriale Bezeichnung
„Mitteldeutschland" in der Regel für die fünf neuen Bundesländer respektive das Gebiet
der früheren DDR. Der Begriff „Ostdeutschland" ist für jene Territorien vorbehalten, die
das Deutsche Reich im Zuge des Zweiten Weltkriegs verlor. Historisch galt als Grenze
zwischen Mittel- und Ostdeutschland die Elbe. Durch die Politisierung traditioneller land-
schaftlicher Bezeichnungen und ihre geographische Verlagerung kappt die extreme Rechte
ihrerseits das Verständnis für die geschichtliche Gliederung der Territorien Deutschlands.

Gewinn ziehen konnte. Die Mußgnug-NPD hatte den organisatorischen Apparat am Leben erhalten; um eine erneute Dynamik zu entfalten, musste sich die Partei ändern. Dies zeigte sich bereits bei zwei Landtagswahlen in der ersten Jahreshälfte 1990 – im Saarland und Niedersachsen –, die für die NPD nur katastrophale 0,2 % brachten; zur ersten freien Volkskammerwahl im März 1990 wurde sie nicht zugelassen. Magere Ergebnisse bei den Landtagswahlen in den neuen Bundesländern im Oktober kündigten die bittere Niederlage schon an: Bei der ersten gesamtdeutschen Bundestagswahl im Dezember 1990 erreichte die NPD nur 0,3 % der Stimmen.

So geriet die NPD ausgerechnet auf dem Höhepunkt nationalistischer Begeisterung und ausländerfeindlicher Mobilisierung in eine äußerst kritische Lage (vgl. Hoffmann 1999, S. 253). Der Parteivorsitzende Mußgnug hatte, unterstützt durch von Thadden und andere ältere DRP- und NPD-Aktivisten, bereits seit den späten 1980er Jahren Verhandlungen aufgenommen, deren Ziel in der Schaffung einer neuen, politisch nicht vorbelasteten „Vereinigten Rechten" bestand. Die Fortexistenz der NPD wurde dabei offenbar zunehmend eher als Problem betrachtet. Funktionäre, die noch die alte Deutsche Reichspartei kennen gelernt hatten, scheinen hier in Reflexe aus der Gründungsphase der NPD zurück verfallen zu sein. Dabei übersahen sie den von vornherein transitorischen Charakter, der die DRP von der phasenweise erfolgreichen „nationalen Sammlungspartei" NPD unterschied. Zudem fehlte der organisatorische Unterbau eines eingespielten Apparats, wie ihn die DRP 1964/1965 erfolgreich in die NPD eingebracht hatte. Die quasi offizielle NPD-Parteigeschichte von 1999 schildert die Verhandlungen der Jahre 1989/1990 spöttisch: „Allen Ernstes sprachen die meisten Anwesenden von einem neuen Anfang, aber versammelt hatten sich symbolisch betrachtet 25 Jahre NPD-Parteigeschichte und ein paar Teilnehmer, die, von der NPD ausgehend, alle möglichen Gruppierungen durchlaufen hatten" (Apfel 1999, S. 51). Der Eindruck, die Gruppe um Mußgnug wolle die NPD, die „intakteste und bewährteste Organisation"[6] der nationalen Opposition, im Zuge der Verhandlungen für eine „Große Rechte" opfern, führte zu Misstrauen in der Partei. In Verbindung mit der Wahlniederlage, finanziellen Unregelmäßigkeiten und einer zunehmenden Isolierung des Parteivorsitzenden im Vorstand wurde dieser im Dezember 1990 zum Rücktritt bewegt. Walter Bachmann übernahm kommissarisch das Amt des Vorsitzenden, in das 1991 der jüngst wieder zur NPD übergetretene frühere JN-Vorsitzende und langjährige Mußgnug-Kritiker Günter Deckert

---

[6]So der langjährige NPD-Aktivist Karl-Heinz Vorsatz in der Parteizeitung Deutsche Stimme, zitiert nach Hoffmann 1999, S. 255.

gewählt wurde. Damit verbunden war die Entscheidung, die NPD als Partei nicht in die neue Formation zu überführen, die 1991 als Deutsche Allianz-Vereinigte Rechte gegründet und bald darauf nach einem Rechtsstreit in Deutsche Liga für Volk und Heimat (DLVH) umbenannt wurde. Hinter Deckert stand der Parteiapparat.

In den folgenden beiden Jahrzehnten hat sich die NPD dann verändert, innerhalb des rechtsextremen Lagers neu positioniert, radikalisiert und für neo-nationalsozialistische Kreise geöffnet. In der jüngeren Literatur zur NPD wird die Ära Deckert noch als Schlussetappe einer vermeintlich „alten" NPD betrachtet, als letzte Phase eines kontinuierlichen Verfallsprozesses, der erst mit der Ablösung Deckerts durch Udo Voigt umgekehrt worden sei. Die NPD unter Voigt wird in diesem Sinne sogar als eine „neue NPD" bezeichnet (Brandstetter 2006a; Bergsdorf 2007; Pfahl-Traughber 2008, S. 23 ff.). Kontinuitätsgeschichtlich ist diese Sicht problematisch. Wichtige Elemente einer revidierten Politik kündigten sich bereits unter Deckert an und wurden von Voigt entschieden fortgeschrieben. Eine neue Phase in der NPD-Geschichte dürfte mithin eher zu Beginn der 1990er Jahre anzusetzen sein. Bereits unter Deckert lebten offenbar Tendenzen wieder auf, die DRP und NPD lange geprägt hatten und die erst in der Ära Mußgnug abgebrochen worden waren. Hohe Priorität erhielt die Aufrechterhaltung der NPD als legale Partei und organisatorischer Apparat. Hierzu bedurfte es unter anderem einer hinreichend hohen Anzahl an Wahlbeteiligungen, um den Parteienstatus zu sichern. Auf dieser Basis durften dann Integrations-, Sammlungs- und Bündnisangebote erfolgen, wie dies bereits für die Ära Deckert belegbar ist. Gleichzeitig musste sich die NPD deutlicher von Deutscher Volksunion, Republikanern und Deutscher Liga für Volk und Heimat absetzen, als dies bisher geschehen war. Vor diesem Hintergrund ist Deckerts Radikalisierungskurs in den 1990er-Jahren zu sehen. Er machte aus der NPD in der öffentlichen Wahrnehmung phasenweise eine Ein-Punkt-Partei, die sich vornehmlich dem im eigenen Milieu bedeutsamen, nach außen wenig werbewirksamen, rückwärtsgewandten Thema der deutschen Zeitgeschichte zu widmen schien. Diese verengte Politik, die ihren Ausdruck in wiederholten Konflikten des Parteichefs mit dem Strafrecht findet, hat Deckert zweifellos, neben Führungsproblemen und finanziellen Skandalen, den Parteivorsitz gekostet. Es ist allerdings wahrscheinlich, dass die profiliertere Wahrnehmung der NPD damit erfolgreich eingeleitet wurde. Sie war jetzt nicht mehr eine von mehreren ausländerfeindlich-rechtspopulistischen Parteien, die mit Ressentiments um das Potenzial politikverdrossener Wechselwähler buhlten, sondern konnte wieder als eigentliche Sachwalterin der nationalen Opposition auftreten. Auf diesem Wege hat Deckert der Partei vermutlich so etwas wie

„Street-Credibility" verschafft und damit die spätere Integration des Neonazi-
Spektrums in die Partei mit vorbereitet.

Die 1992 nochmals bestätigten Abgrenzungsbeschlüsse, die eine Expansion
der Partei in dieses Feld jahrelang blockiert, sie aber zugleich auch vor staatlicher
Verfolgung weithin bewahrt hatten, wurden mit der Amtsübernahme von Deckert
zunehmend unterlaufen, wobei die Jungen Nationaldemokraten als Blockadebre-
cher auftraten. Mit Beginn einer staatlichen Verbotsoffensive gegen die Neonazi-
szene seit Ende 1992 drängten Anhänger und Aktivisten aus dem neonazistischen
Spektrum in mehreren Wellen in die NPD und bildeten das eigentliche Potenzial
für den Wiederaufstieg der Partei. Folgende Stationen dieser zunehmenden Nazifizierung weiter Teile der Partei lassen sich fixieren: 1993 erfolgte die Aufhebung
der Unvereinbarkeitsbeschlüsse. Mitgliedern der Freiheitlichen Deutschen Arbeiterpartei (FAP), der Wiking Jugend und anderer bis Mitte der 1990er Jahre verbotener neonationalsozialistischer Gruppierungen wurde angeboten, sich der NPD
oder den Jungen Nationaldemokraten anzuschließen. 1997 fusionierte dann ein
Teil des Vereins Die Nationalen e. V. mit der NPD. Die Nationalen waren in den
1990er Jahren

> ein wichtiger Motor, der die Organisation von Angehörigen des lebensweltlichen
> Milieus in explizit politische Gruppen wesentlich belebte. Aus der Rückschau
> betrachtet kommt ihnen vielleicht eine noch wichtigere Funktion zu: In der Krise
> der ‚nationale Opposition' Mitte der 1990er-Jahre, als organisatorische Struktu-
> ren durch staatliche Intervention zerschlagen wurden, während die NPD im Neo-
> nazi-Spektrum noch nicht als Ersatzorganisation akzeptiert wurde ..., sorgten [die
> Nationalen] für ein Mindestmaß an Kontinuität und stellten einen überregionalen
> Organisationrahmen zur Verfügung (Botsch und Kopke 2009, S. 61).

Nur regional wahrnehmbar, aber in der Wirkung entscheidender verlief die
Kooperation zwischen Kameradschaftsnetzwerken und Jungen Nationaldemo-
kraten bei Kampagnen und Einzelaktionen in den neuen Ländern, die unter dem
Label Nationale und Soziale Aktivisten Mitteldeutschland (NSAM) standen.
Nach dem gescheiterten NPD-Verbotsverfahren vollzogen dann 2004 mehrere
führende Neonazis öffentlich ihre Hinwendung zur NPD und wurden auch in den
Parteivorstand aufgenommen. Seither ist die NPD auf allen Ebenen von Neonazis
durchsetzt.

1996, mit Beginn seiner Amtszeit forcierte Udo Voigt die Verabschiedung
eines neuen Parteiprogramms, das im Sinne des oben beschriebenen binnen-
kulturellen Opportunismus weiter ein hohes Maß an Offenheit und Flexibilität
gewährleistete. Voigts Desinteresse an den konkreten Inhalten der Programmatik
zeigte sich unter anderem darin, dass er ambitionierteren Parteimitgliedern die

Arbeitskreise und programmatischen Kommissionen in der Regel als Spielwiese
überließ und den oft widersprüchlichen Verlautbarungen dieser Kreise rhetorisch
weitgehend zu folgen geneigt war. Auf Basis des 1996er-Programms entstanden
dann auch eine Reihe weiterer programmatischer Dokumente auf Bundes- wie
auf Landesverbandsebene (vgl. Hoffmann 1999, S. 329 ff.; Brandstetter 2006a,
S. 107 ff.). Die programmatische Debatte kam dadurch also nicht zum Erliegen,
konnte aber auch keine destruktive Lähmung der Parteipolitik bewirken.

Bald darauf formulierte Voigt ein strategisches Grundsatzpapier. Ein Element
dieser Konzeption ist das „Drei-Säulen-Konzept" (NPD-Parteivorstand 1999,
siehe auch: NPD-Parteivorstand 2002; vgl. Brandstetter 2006a, S. 109 ff.; Pfahl-
Traughber 2008, S. 42 ff.; Schulze 2009). Dabei sind die drei – später auch vier
– Säulen keineswegs stringent gefasst und durch einheitliche Begriffe markiert.
Zumeist ist vom „Kampf um die Straße", „Kampf um die Köpfe" und „Kampf
um die Wähler" oder „um die Parlamente", bei der vierten Säule vom „Kampf
um den organisierten Willen" die Rede. Allerdings ging es Voigt weder darum,
das Schicksal Deutschlands an den Wahlurnen, noch auf der Straße, noch auf
„metapolitischer" Ebene zu entscheiden. Politische Funktion des Konzepts war es
vielmehr, den Sammlungsgedanken der alten DRP und frühen NPD wieder aufzugreifen und die erneute Integration der einzelnen Strömungen in die NPD zu
ermöglichen. Das „Drei-Säulen-Konzept" diente dabei als Vehikel, um jeder Strömung innerhalb der nationalen Opposition, jeder Personengruppe und Einzelper-
son zu signalisieren, dass sie mit den eigenen spezifischen Mitteln auf dem selbst
gewählten Feld unter dem Dach der NPD agieren konnte. Die Desintegration in
der vorangegangenen Phase war ja gerade nicht rein ideologisch-weltanschaulich
begründet gewesen. Vielmehr kamen in ihr praxisbezogene Unstimmigkeiten über
den einzuschlagenden Weg zum Ausdruck. Die neo-nationalsozialistische wie ein
Teil der nationalrevolutionären Strömung stand dabei für einen „auf die Straße"
orientierten Aktionismus; die „Neue Rechte" – verstanden als „intellektueller
Rechtsextremismus" – für „metapolitische" Beeinflussung der geistigen und politischen Kultur; andere Strömungen für die Entfaltung klassischer parteipolitischer
Aktivitäten und die Nutzung von Wahlkämpfen und parlamentarischen Plenarde-
batten als Propaganda-Plattform. Diese desintegrierten Handlungsoptionen galt es
für Voigt, im Rahmen der NPD wieder zusammen zu führen.

Bereits ab 1998 lud Voigt die Angehörigen der neonazistischen Strömung ganz
gezielt zu einer Mitwirkung in der NPD ein. Die zunächst entstandene neue
Dynamik der NPD wurde durch die Debatte um ein Parteiverbot und die entsprechenden Verbotsanträge im Zeitraum von 2001 bis 2003 zunächst gedämpft. Als

die Bundesregierung indes verdeutlichte, dass sie die vom Bundesverfassungsgericht formulierten Verfahrenshemmnisse – mangelnde Staatsferne der NPD aufgrund der zahlreichen V-Leute von Verfassungsschutzbehörden – nicht auszuräumen bereit war, brachen alle Dämme. Nun strahlte die NPD mit neu gewonnenem Selbstbewusstsein in alle anderen Bereiche der nationalen Opposition aus, öffnete sich weit für Anhänger des Neonazi-Spektrums und begann zugleich, Wahlabsprachen mit der DVU in einem „Deutschland-Pakt" zu fixieren. In diesem Zusammenhang ist sie sogar als „originär nationalsozialistische Partei" gekennzeichnet worden (Kailitz 2007b, S. 337, vgl. 2007a).[7] Die NPD entwickelte sich so für einige Jahre zum „Flaggschiff" der nationalen Opposition in Deutschland (Botsch und Kopke 2009, S. 108). 2004 zog sie in den Sächsischen Landtag ein, 2006 in den Landtag von Mecklenburg-Vorpommern, 2009 gelang es ihr erstmals in ihrer Geschichte, an eine parlamentarische Fraktionsarbeit anzuknüpfen und in Sachsen für eine zweite Legislaturperiode in einen Landtag einzuziehen; gleichzeitig verfehlte sie den Einzug in den Landtag von Thüringen nur knapp. Auch in den Landtag von Mecklenburg-Vorpommern zog sie ein zweites Mal ein. Bundesweit blieb sie bei Wahlen ohne Bedeutung.

2010 erreichte Udo Voigt, der schon länger als angeschlagen galt, zum Abschluss seiner Periode als Parteivorsitzender noch zwei bedeutsame Erfolge. Die DVU, die über lange Jahre zwischen Konkurrenz und Partnerschaft geschwankt hatte, deren Existenz – zumal als Wahlpartei – für die NPD aber insgesamt eher schädlich war, entschloss sich zur Fusion mit der NPD und Selbstauflösung. Zugleich gelang es Voigt, dass die NPD nach einer längeren Programmdiskussion ein neues Parteiprogramm verabschiedete, das bis heute in Geltung ist. Es fiel deutlich radikaler aus, als seine Vorgänger, wenngleich der offen neo-nationalsozialistische Flügel noch weitergehende Positionen angestrebt hatte. Ab 2011 geriet die NPD in eine erneute Krise von existenzieller Dimension. Das Bekanntwerden der Terrorakte, Straf- und

[7]Irritierend an dieser Zuschreibung ist zunächst die Definition des Begriffs „Nationalsozialismus" als „Gattungsbegriff für rechtsextremistische Parteien, deren Programmatik eine nationalistische und/oder völkische Grundausrichtung mit einer starken Betonung sozialstaatlicher Elemente und dem Streben nach einer staatlichen Kontrolle der Wirtschaft kombiniert", da eine solche Definition schon zur Kennzeichnung des historischen Nationalsozialismus auf deutlichen Widerspruch in breiten Kreisen der zeitgeschichtlichen NS-Forschung stoßen würde. Zum Zeitpunkt, als dieses Zitat formuliert wurde, galt zudem noch das NPD-Parteiprogramm von 1996, auf welches eine solche Zuschreibung m. E. nicht anwendbar ist. Vgl. NPD-Parteiprogramm 1997, o. S. (Punkt 7); ferner: NPD-Parteivorstand o. J. a, S. 16 ff.; NPD-Parteivorstand 2006a; Botsch und Kopke 2008a; zur stärkeren Betonung „sozialer" Anliegen in jüngster Zeit vgl. NPD-Parteiprogramm 2010; Botsch und Kopke 2013, 2014.

Gewalttaten des Nationalsozialistischen Untergrunds (NSU) Anfang November 2011 und einiger Querverbindungen in die NPD sorgte für eine äußerst negative öffentliche Wahrnehmung. Fast zeitgleich wurde Udo Voigt Mitte November auf dem NPD-Parteitag in Neuruppin in einer Kampfabstimmung gegen den sächsischen NPD-Landespolitiker und langjährigen Vorsitzenden der Jungen Nationaldemokraten, Holger Apfel, abgewählt. Was den Parteivorsitz angeht, begann nun eine sehr unruhige Periode, in der bereits 2013 Apfel durch den Fraktionsvorsitzenden der NPD-Fraktion im Landtag Mecklenburg-Vorpommern, Udo Pastörs, abgelöst wurde, auf den bereits im folgenden Jahr der bis heute amtierende saarländische Landespolitiker Frank Franz folgte. Seit dem Amtsantritt von Franz ist es ruhig um die NPD geworden, nicht zuletzt wegen des Verbotsantrags der Bundesländer aus dem Jahr 2013. Als sich Ende 2013, Anfang 2014 eine neue Welle fremdenfeindlicher Mobilisierungen, Demonstrationen und Gewalttaten abzeichnete, waren NPD-Aktivisten stark präsent und stellten auch an zahlreichen Orten Logistik und Know-How für „Nein-zum-Heim"-Kampagnen zur Verfügung. Es gelang der NPD aber keineswegs, diesen Prozess zu steuern, und an den Wahlurnen profitierte die 2013 neu gegründete nationalpopulistische Rechtspartei Alternative für Deutschland (AfD), nicht selten auf Kosten der NPD-Stimmen, von der neuen Stimmungslage in Deutschland. Die weitere Entwicklung der Partei ist offen und dürfte in erster Linie vom Ausgang des Verbotsverfahrens abhängen.

Zwischen ‚vulgärdemokratischer‘ Fundamentalopposition und neo-nationalsozialistischer Mobilisierung

3

Demokratievorstellungen und Demokratiekritik der NPD

3.1 Einführung

Die NPD – hierüber dürfte zwischen nahezu allen qualifizierten Beobachterinnen und Beobachtern aus Wissenschaft, Politik und staatlichen Institutionen Einigkeit bestehen – ist eine rechtsextreme Partei. So stark die Konzeptionalisierungen und begrifflichen Definitionsversuche zum Phänomen „Rechtsextremismus" auch nach wie vor voneinander abweichen (vgl. Druwe 1996; Minkenberg 2005; Botsch und Kopke 2009), bestimmen sie doch in der Regel die Ablehnung der Demokratie, den antidemokratischen Charakter rechtsextremer Einstellungen und Verhaltensweisen als konstitutives Element der Begriffsbildung. Cas Mudde (1995, S. 206 ff.) hat bei einem Vergleich von 26 Definitionen des Begriffs „right-wing extremism" und seiner Äquivalente, die in deutscher, englischer und holländischer Sprache vorgelegt wurden, in 19 Fälle das Kriterium „anti-democracy" identifizieren können.[1] Hans-Gerd Jaschke führt als ein Merkmal des Rechtsextremismus auf, dieser würde „den Wertepluralismus einer liberalen Demokratie ablehnen und Demokratisierung rückgängig machen wollen" (Jaschke 2001, S. 30). Armin Pfahl-Traughber hält für den Extremismusbegriff allgemein, und damit auch für den Rechtsextremismus fest, er definiere sich „negativ über die Ablehnung eines anderen politischen Begriffs, nämlich dem der Demokratie" (Pfahl-Traughber 2000, S. 12). Richard Stöss betont „Rechtsextremismus richtet

---

[1]Das entspricht den Nennungen für „strong state" und „xenophobia", noch öfter werden nur „racism" (21) und „nationalism" (22) benannt, vgl. Mudde 1995, S. 207.

© Springer Fachmedien Wiesbaden 2017
G. Botsch, *Wahre Demokratie und Volksgemeinschaft,* Edition Rechtsextremismus, DOI 10.1007/978-3-658-14959-8_3

sich tendenziell gegen parlamentarisch-pluralistische Systeme, die auf der Volkssouveränität und dem Mehrheitsprinzip beruhen" (Stöss 2007, S. 25). In der Definition einer Konsensusgruppe zur Vereinheitlichung der Begriffsbildung im Rahmen der Einstellungsforschung findet sich an prominenter Stelle das Merkmal einer „Affinität zu diktatorischen Regierungsformen" (hier zitiert nach Decker und Brähler 2006, S. 20). Obgleich die genannten Autoren ihren Demokratiebegriff in der Regel spezifizieren beziehungsweise operationalisieren und auf einen bestimmten historischen Typus der Demokratie beziehen, bleibt doch die ältere Formel wirkungsmächtig: „Rechtsextremismus ist Demokratiefeindschaft" (Stöss 1989, S. 18)[2], nämlich Demokratiefeindschaft „von rechts" (vgl. Bobbio 1994).

Umso irritierender ist es, wenn sich ausgerechnet die NPD schon in ihrem Namen als „national*demokratisch*" bezeichnet. Aus politikwissenschaftlicher Perspektive gilt es, das Demokratieverständnis der NPD näher zu betrachten. Denn ein positiver Bezug auf „Demokratie" bleibt für die Partei weltanschaulich möglich und ist sowohl strategisch als auch taktisch von einiger Bedeutung. Zugleich verbindet die NPD damit eine fundamentale Kritik der bestehenden Ordnung, die ihrer eigenen Identität als Teil der nationalen Opposition, ja des „nationalen Widerstands" entspricht.

Demokratievorstellungen und Demokratiekritik sind in der neueren Forschung zur NPD nicht systematisch untersucht worden. Analysen zur älteren NPD thematisieren diesen Aspekt zwar in der Regel (z. B. Smoydzin 1967, S. 182 ff.; Maier und Bott 1968, S. 25 ff.; Kühnl 1969, S. 90 ff.; Schmollinger 1986c, S. 1934, passim; Hoffmann 1999, S. 284 ff., 334 ff.)[3], gerade jüngere Studien gehen aber von anderen Fragestellung aus (vgl. z. B. Brandstetter 2006a; Backes und Steglich

---

[2]In seiner Einleitung zum Parteien-Handbuch charakterisiert Richard Stöss, anknüpfend an Sontheimer 1968, die gemeinhin als „rechtsextrem" bezeichneten Parteien in der Bundesrepublik geradezu als „antidemokratische Parteien". Er grenzt sie damit neben den Typen demokratischer Parteien (bürgerlich-demokratische Parteien und demokratische Massenlegitimations-Parteien) von jenem Typus ab, den er als „antikapitalistisch" bezeichnet und dem die gemeinhin als „linksextrem" charakterisierten Parteien zuzurechnen sind. Angesichts der wissenschaftlichen Kritik an den Forschungsansätzen der generischen Extremismustheorien wäre es lohnend, diese Typologie neu zu diskutieren. Vgl. Stöss 1986g, S. 159 ff.

[3]Niethammer 1969, Dudek und Jaschke 1984 analysieren das Demokratieverständnis nicht in einem eigenen Abschnitt, das Thema ist aber präsent. Neben anderen auch am Beispiel der NPD arbeitet Schwagerl 1993, S. 85 ff., 184 ff.; den Vergleich zu zwei anderen europäischen rechtsextremen Parteien unternimmt Mudde 1995, S. 214 ff. – Von prinzipieller Bedeutung für unseren Kontext sind aus der älteren Literatur die über den Rechtsextremismus hinausweisenden Darstellungen bei Sontheimer 1966, 1968; Dahrendorf 1968; Kohl 1970; Grebing 1971; vgl. auch Fraenkel 2007.

2007). Brandstetter beispielsweise widmet dem Problem der Demokratie im Ideo-
logie-Kapitel seiner Darstellung über „Die NPD unter Udo Voigt" einen Satz:
„Eine ‚echte' Demokratie – wie viele Extremisten hängt die NPD einem identitären Demokratiemodell an – ist in dieser Vorstellung erst nach Schaffung einer
ethnisch homogenen Nation möglich"[4] (Brandstetter 2013; vgl. auch die sehr
knappen Bemerkungen bei Steglich 2010, S. 237). Einige Spezialdarstellungen
berühren das Demokratie-Problem zwar, legen den Fokus aber auf andere weltan-
schaulich-ideologische Aspekte (z. B. Virchow 2006a; Kailitz 2007a; Botsch und
Kopke 2008), sodass sich in der neueren Literatur bislang nur vereinzelte und
allzu kursorische Hinweise finden lassen (z. B. Wesjohann 2006; Minkenberg
2006; Kailitz 2007b, S. 350 ff.; Virchow 2008, S. 41 ff.; Botsch und Kopke 2009).

Im Folgenden soll analysiert werden, was die NPD meint, wenn sie sich zu
„wahrer Demokratie" bekennt, was sie an der bundesdeutschen Verfassungsordnung und Verfassungswirklichkeit kritisiert und wie eine „Nationaldemokratie"
nach ihrer Vorstellung aussehen würde. Dabei gilt es auch zu untersuchen, ob und
inwieweit es sich um ein relativ „neues" und „modernes" Element handelt. Im
Mittelpunkt der Darstellung stehen die Entwicklungen in der „Ära Voigt" (vgl.
Brandstetter 2013), einer Phase, in der die Parteigeschichte maßgeblich durch
ihren Vorsitzenden Udo Voigt geprägt worden ist, der von 1996 bis 2011 amtierte.
Am Anfang wie gegen Ende seiner Amtszeit gab sich die NPD jeweils nach längeren Diskussionen ein neues Programm. Vor dem Hintergrund einer Darstellung
der programmgeschichtlichen Entwicklung der NPD werde ich mich vor allem
auf zentrale programmatische Stellungnahmen aus diesem Zeitraum konzentrieren. Es muss indes berücksichtigt werden, dass die NPD auf ein geschlossenes,
einigermaßen widerspruchsfreies und konsistentes programmatisches Profil ver-
zichtet. Vielmehr kombiniert sie eine Reihe von weltanschaulichen Kernbestän-
den und Ressentiments und variiert sie zu einem heterogenen Ensemble einzelner
Versatzstücke, die um den antiegalitären Kern rechtsextremer Weltanschauungen
kreisen (vgl. Botsch und Kopke 2009).

Die Integration des Neonazispektrums in der Ära Voigt brachte es mit sich,
dass sich diese in strikt autoritär strukturierten Zirkeln sozialisierten Personen-
gruppen zumindest formal in eine politische Partei einpassen mussten, die auf
allen Ebenen Amtsinhaber durch Wahlen bestimmt, über eine bindende Satzung
verfügt und auch sonst *de jure* an das demokratische Vereins- und Parteienrecht
gebunden ist. Die Vereinskultur der NPD blieb in dieser Hinsicht stets defizitär,

---

[4]Es folgt ein Zitat aus dem Parteiprogramm von 2010.

und man kann generalisierend sagen, dass mit niedriger Ebene undemokratische Züge wachsen. Auf Orts- und Kreisverbandsebene waren Ämterwahlen mitunter eine Farce, und in den Landesverbänden hat es immer wieder heftige Machtkämpfe und interne Auseinandersetzungen gegeben. Dies alles bewegte sich aber noch in einem Rahmen, der für andere Parteien (insbesondere kleine), für Wahlvereine und andere Verbände nicht untypisch ist und für sich genommen keinen Schluss auf eine demokratische oder antidemokratische Agenda oder Programmatik zulässt. Selbst die vereinzelte Androhung oder Anwendung von Gewalt (vgl. Speit 2005) ist noch kein Beweis für eine undemokratische Binnenstruktur. Es ist auch nicht angebracht, die NPD als autoritäre Führerpartei anzusprechen: Sie war dies gewiss nicht unter ihrem ersten Parteivorsitzenden Fritz Thielen, aber auch nicht unter Adolf von Thadden, der den Vorsitz gerade deswegen aufgab, weil er die NPD für „nicht mehr führbar" hielt (Dudek und Jaschke 1984, Bd. 1, S. 294), und seinem Nachfolger Martin Mußgnung, der als Parteipatriarch durchaus autoritär, aber nicht im Sinne einer Führerpartei präsidierte. Die Führerambitionen Günter Deckerts blieben ohne nachhaltiges Echo in der Partei, die ihn schließlich stürzte (vgl. Hoffmann 1999, S. 390 ff.). Dass sich sein Nachfolger, der Parteisoldat Udo Voigt (vgl. Jesse 2006), als Bundesvorsitzender über einen vergleichsweise langen Zeitraum halten konnte zeigt, dass sich auch eine inzwischen „nazifizierte" NPD nicht als straffe Führerpartei leiten ließ. In dieser Hinsicht unterscheidet sich die NPD also bis heute von der NSDAP, welche sie wohl verklärt, aber nicht kopiert.

Im Übrigen schließt die Affinität zum Nationalsozialismus ein verbales Bekenntnis zur Demokratie nicht aus. Schon der historische Nationalsozialismus kannte, wie auch die ältere völkische Bewegung, ein taktisches Bekenntnis zu einer angeblich „wahren", nicht „liberalistisch verfälschten" Demokratie. Bewunderer der Diktatur Hitlers führen mitunter an, dass seine Herrschaft ja gerade Ausdruck des „wahren Volkswillens" gewesen sei und er sich als echter Führer bei allen grundsätzlichen Entscheidungen auf dem Wege der Volksabstimmung der Zustimmung seiner Gefolgschaft versichert habe.

Für das Neonazi-Spektrum besteht allerdings noch eine zweite Option: die klare und entschiedene Ablehnung der Demokratie, wie sie beispielsweise im Netzwerk der „freien Kräfte" und „autonomen Kameradschaften" propagiert worden ist. Manche Kameradenkreise, wie etwa die Freien Kräfte in der sächsischen und brandenburgischen Lausitz, versuchen regelrecht, die „Demokraten" als Feindbild aufzubauen, so in der Parole „Demokraten bringen den Volkstod" (zitiert nach Kopke 2014, S. 130; vgl. auch Krüger 2012). Auch bleibt die Haltung zur Demokratie nicht frei von Ambivalenzen und Widersprüchlichkeiten. Dies gilt sogar für die Liedtexte der verbotenen Neonazi-Musikgruppe Landser (vgl. Pfahl-Traughber 2001; Dornbusch und Raabe 2002). Lautet es dort einesteils „verkauft und verraten/von den Demokraten...", so heißt es in dem Song „Republik der Strolche": „Ihr quatscht von Demokratie/doch das heißt Volksherrschaft...". Und in dem Lied „Waffen für alle" wird – unter anderem mit Bezug auf die NSDAP – gefordert: „Erlaubt endlich alle Parteien/macht Euch nicht ständig ins Knie/Erlaubt den freien Verkauf von Waffen/das wäre wahre Demokratie...". Harter Rechtsextremismus einschließlich eines Bekenntnisses zum historischen Nationalsozialismus schließt eine affirmative Verwendung des Begriffs „wahre Demokratie" nicht aus.

Die richtig verstandene Mobilisierung ihres Begriffs der „wahren Demokratie" war für die NPD eine der Voraussetzungen ihres Erfolges, soweit sie damit eine Formel fand, um einerseits ein Parteiverbot abzuweisen und andererseits rechtsextreme Demokratiefeindschaft politisch und organisatorisch zu bündeln und als nationale Opposition zu integrieren. Dies zeigt sich deutlich auch in ihrer programmhistorischen Entwicklung.

3.2 Die ältere programmgeschichtliche Entwicklungslinie

3.2.1 Die Vorläuferparteien: SRP und DRP

Die 1949 gegründete, unmittelbar an die NS-Bewegung anknüpfende Sozialistische Reichspartei (SRP) hatte kein ambivalentes, sondern ein klar ablehnendes Verhältnis zur Demokratie. Zwar begegnet uns im Umfeld der Partei durchaus auch gelegentlich das Motiv der „wahren Demokratie". Das Urteil des Bundesverfassungsgerichts zum Verbot der SRP von 1952 zitiert etwa aus einer Zuschrift an den Parteivorstand aus dem Jahr 1951, in der das „Führerausleseprinzip" gelobt wird, „welches allein die Voraussetzung für eine wahre germanische Demokratie, im Gegensatz zur jüdisch-kapitalistischen-liberalistischen Demokratie" sei, und in einem Aufruf des Kreisverbandes Heidelberg wird betont: „Wir lehnen die westliche Parteiendemokratie genau so ab wie die ostzonale Volksdemokratie, erstreben aber die wahre Demokratie der verantwortlichen und vorbildlichen Persönlichkeiten" (Bundesverfassungsgericht 1952, S. 64). In die Programmatik der Gesamtpartei ging dieses Motiv nicht ein. Das Bundesverfassungsgericht stellte die „grundsätzliche Ablehnung der Demokratie durch die SRP ... und ihr Streben zur Diktatur" klar heraus und wies ausdrücklich darauf hin, dass im Parteiprogramm ein „klares Bekenntnis zur Demokratie fehlt", dass es ein solches geradezu „vermeidet". Dies gilt dem Gericht als einer der Beweise dafür, dass die SRP „in Programm, Vorstellungswelt und Gesamtstil" der NSDAP wesensverwandt sei (Bundesverfassungsgericht 1952, S. 74; vgl. Flechtheim 1963, S. 489 ff.; Hansen 2007). Dabei hatte Bundesjustizminister Thomas Dehler (FDP) der Parteiführung die Chance gegeben, die Vorwürfe gegen die SRP, darunter ihre Demokratiefeindlichkeit, zu entkräften. Die unverbindlichen Äußerungen ihres Parteichefs Fritz Dorls mussten aber das Bild eher noch bestätigen: Man sei der Meinung, dass sich „unter jeder staatlichen Form Werte verkörpern können, vorausgesetzt, daß die Träger des Staatswesens sich als Ausdruck von Werten fühlen. Warum also nicht auch in einer aus europäischen [sic!] Denken geborenen Demokratie?" (zitiert nach Frei 1999, S. 330).

Im Unterschied dazu hatte die Deutsche Reichspartei ein formales Bekenntnis zur Demokratie programmatisch verankert. Es dürfte eine der Konsequenzen aus dem SRP-Verbot und der Begründung des Bundesverfassungsgerichts gewesen sein, dass die DRP dieses Bekenntnis zur Demokratie stets aufrecht erhielt, auch als sie nach und nach zum Sammelbecken früherer SRP-Anhänger wurde (Schmollinger 1986b).

> Der Staat soll auf klarer demokratischer Feststellung des Volkswillens aufgebaut sein. Das öffentliche Leben darf aber keiner hemmungslosen Parteiwirtschaft anheimfallen, die die staatlichen Machtpositionen als Beute verteilt ... Unter der gegenwärtigen gewaltsamen Zerreißung Deutschlands können alle innerstaatlichen Einrichtungen nur vorläufigen Bestand haben. Eine endgültige Bestimmung über die Staatsform und über die staatlichen Symbole muß der Entscheidung des gesamten Volkes in freier Volksabstimmung vorbehalten bleiben,

postulieren bereits die DRP-„Richtsätze" von 1953 (zitiert nach Flechtheim 1963, S. 463). Im Parteiprogramm der DRP von 1958 wird diese Mischung aus verbalem Bekenntnis zur Demokratie als Volksherrschaft bei gleichzeitiger Kritik an Parteien und Ämterpatronage sowie Delegitimierung des Grundgesetzes mit Blick auf seinen vorläufigen Charakter wiederholt und um konkrete, mit der bundesdeutschen Verfassungsordnung unvereinbare Vorschläge ergänzt (Flechtheim 1963, S. 471–481).

3.2.2 Frühe Programmatik: Die 1960er Jahre

Die NPD-Führung unternahm mit der Aufnahme des Wortes „Demokratie" in den Namen der neuen Partei und dem Abschied von der Orientierung am untergegangenen Deutschen Reich den – letztlich gescheiterten – Versuch, die für die frühe nationale Opposition charakteristische Dynamik aus Selbst- und Fremdausgrenzung zu durchbrechen und einen eigenständigen politischen Ort *innerhalb* des politischen Systems der Demokratie zu definieren. Programmatisch schrieb die NPD zunächst die von der Deutschen Reichspartei eingeschlagene Grundrichtung fort. Ihr frühestes programmatisches Dokument, die das „Manifest" von 1964 kommentierenden „Grundsätze unserer Politik", werden durch folgenden Artikel eingeleitet: „Deutschland braucht eine Staats- und Gesellschaftsordnung, die zwischen der natürlichen Autorität einer echten Demokratie und der persönlichen Entscheidungsfreiheit des Staatsbürgers den Gemeinsinn schafft, der in sozialer Gerechtigkeit JEDEM DAS SEINE gibt" (NPD 1964).[5]

Im ersten Parteiprogramm von 1967 findet sich ein explizites Bekenntnis zur freiheitlich-demokratischen Grundordnung, zum Rechtstaat, zur Gewaltenteilung, zur Mitwirkung politischer Parteien an der Willensbildung und zu kommunaler Selbstverwaltung. Eine ganze Reihe konkreter Forderungen zeigt aber, dass die allgemeine Stoßrichtung der alten DRP zwar wahltaktisch abgeschwächt, insgesamt aber beibehalten wurde: Delegitimierung des Grundgesetzes als Diktat der Siegermächte, Beschneidung des Einflusses der politischen Parteien zum Beispiel durch ein Verbot der Parteienfinanzierung, direkte Wahl des Bundespräsidenten, dessen Rechte zu stärken seien, und Stärkung plebiszitärer Elemente in „entscheidenden Lebensfragen" (zitiert nach Maier und Bott 1968, S. 68 f.). Auch der Föderalismus stellte für die NPD bereits ein Problem dar. So antwortete etwa Wolfgang Ross, seinerzeit Mitglied des Bayrischen Landtages für die NPD, in einem Interview vor der Bundestagswahl 1969 auf die Frage, welche Veränderungen in der Struktur der Bundesrepublik vorgenommen werden sollten: „Im Vordergrund steht die Neuordnung der Länder" (Rohlinger und Ross 1969, S. 91).

Programmgeschichtlich kommt einem weiteren Dokument nachhaltige Bedeutung zu: Dem „Politischen Lexikon der NPD", das seit 1966 als mehrbändige Lose-Blatt-Sammlung in verschiedenen Lieferungen im Göttinger Verlag K. W. Schütz erschien. In der ersten Lieferung wird unter dem Stichwort „Demokratie" postuliert:

> Ursprünglich bedeutet D. (aus dem Griechischen) Volksherrschaft, d. h. Selbstregierung und Selbstbestimmung des Volkes, die als Voraussetzung von Gleichheit, Freiheit und Würde verstanden wird. Sie ist als solche ... allerdings nie realisiert worden, da den Volksmassen die zum Regieren erforderlichen Kenntnisse, der

---

[5]Einige der im Folgenden zitierten Originaldokumente der NPD kommen ohne Paginierung aus, sodass Seitenangaben fehlen. Hervorhebungen, Rechtschreibung und Interpunktion folgen dem Original.

Überblick über das politische Geschehen und auch die nötige Besonnenheit naturgemäß fehlen. Realisierbar am Gedanken der D. wäre dagegen durchaus der Schutz der Minderheiten, die Nichtbehinderung der Opposition sowie die Wahrung der Grundrechte des Einzelnen (Politisches Lexikon 1966).

Im Folgenden geht der ungenannte Autor[6] verschiedene Formen der Demokratie durch, die jeweils im Grundzug kritisiert werden, wobei ein Schwerpunkt auf die Kritik der „Volksdemokratien" kommunistischer Prägung gelegt wird. Bezogen auf die Bundesrepublik und andere westliche Demokratien trifft seine Skepsis besonders die Parteien, die öffentliche Meinungsbildung, Gewerkschaftsfunktionäre und den „demokratische[n] und sozialistische[n] Bildungsoptimismus". Der Beitrag mündet in der unbestimmten, durchaus auch auf die nationalsozialistische Massenmobilisierung anwendbaren Formulierung: „Die derzeit gegebene Form menschlichen Zusammenlebens und Zusammenarbeitens erfordert das politische Engagement möglichst vieler Bürger, zumindest aber einer Minderheit der besonders Interessierten und beruflich Bewährten" (Politisches Lexikon 1966). Am Schluss des Lexikonbeitrages stehen einige Hinweise auf Literatur. Den jüngsten der genannten Titel stellt J. L. Talmons „Geschichte der totalitären Demokratie" dar[7]. Immerhin ist es bemerkenswert, dass das Werk des israelischen Wissenschaftlers sich gerade bei der NPD als Literaturhinweis findet. Dies dürfte vor allem mit dem scharfen Antikommunismus Talmons zu erklären sein, der sich mit einer zentralen Frontstellung der NPD trifft. Bei den übrigen Leseempfehlungen handelt es sich um einen Titel aus dem Kaiserreich (Hasbach 1912)[8], zwei, die in den 1920er Jahren erschienen (Genzmer 1923; Bonn 1925), eine Schrift eines vormals nationalsozialistischen Staatsrechtlers, die noch während der Besatzungszeit gedruckt wurde (Jerusalem 1947) sowie eine Analyse der „sowjetischen Demokratie", die ebenfalls aus der Feder eines unter dem Nationalsozialismus aktiven Rechtswissenschaftlers stammt (Maurach 1950)[9]. Zitiert wird nur aus dem Lexikon-Beitrag von Genzmer, der weithin die aristokratisch und bildungsbürgerlich grundierte Demokratiekritik der Weimarer Republik spiegelt, nicht aber aus dem Buch von Moritz Julius Bonn, einem bedeutenden Nationalökonom jüdischer Herkunft, der dem politischen Liberalismus zuzurechnen ist. Der Stand

---

[6]Vermutlich der vormalige stellvertretende Chefredakteur der in Argentinien erscheinenden nationalsozialistischen Zeitschrift „Der Weg", Dieter Vollmer (vgl. Mannes o. J.).

[7]Im Politischen Lexikon 1966 wird auf drei Bände hingewiesen, doch waren bis dahin nur zwei Bände erschienen (Talmon 1961, 1963), was die oberflächliche Rezeption des Werkes belegt. Vgl. jetzt Talmon 2013.

[8]Das Politische Lexikon nennt die zweite, unveränderte Auflage von 1921.

[9]Die NPD nennt als Jahreszahl 1951, vermutlich eine zweite Auflage.

der demokratietheoretischen Diskussion, der in der Bundesrepublik Mitte der 1960er Jahre bereits erreicht war (z. B. bei Beyme 1966; Fraenkel 2007; Dahrendorf 1968; vgl. auch Bien und Maier 1972; Meier et al. 1992), wird in diesem grundlegenden Beitrag nicht rezipiert.

Die programmatischen Stellungnahmen zum Problem der Demokratie bei der NPD der 1960er Jahre speisten sich aus drei Traditionslinien: Erstens aus der älteren, weit verbreiteten und tief in den ‚Alltagsverstand' weiter Teile der deutschen Bevölkerung eingewurzelten „vulgärdemokratischen" Forderung nach einer unverfälschten, unmittelbaren, nicht-repräsentativen und identitären „Volksherrschaft" (vgl. Fraenkel 2007); zweitens aus der staatszersetzenden und verfassungsfeindlichen Demokratiekritik, wie sie in einem bedeutenden Strang der Weimarer Staatsrechtslehre formuliert und teilweise nach 1933 unter nationalsozialistischen Vorzeichen fortgeschrieben wurde (vgl. Sontheimer 1968); schließlich drittens aus der Delegitimierung der Nachkriegsordnung, wie sie vor allem durch ehemalige Parteigänger des Nationalsozialismus seit den späten 1940er Jahren formuliert worden war.

Das Politische Lexikon war parteiintern umstritten. Als 1970 in Wertheim der erste Bundesparteitag nach der verlorenen Bundestagswahl stattfand, beantragten die Kritiker der Parteiführung, sich davon zu distanzieren. Die Stellungnahme zur Demokratie bildet hierbei einen zentralen Konfliktgegenstand. Gerade der Parteivorsitzende Adolf von Thadden hatte in den vorangegangenen Wahlkämpfen besonderen Wert darauf gelegt, die NPD als demokratische Partei zu präsentieren, die auf dem Boden des Grundgesetzes stehe (vgl. die Beispiele bei Hoffmann 1999, S. 288 ff.). Die Kritik nahm den als Aktivisten der SS schwer vorbelasteten Historiker Ernst Anrich ins Visier, der seinerzeit nicht nur als wichtigster Programmatiker der NPD galt, sondern auch als enger politischer Freund von Thaddens. Für das Image der Partei besonders schädlich waren öffentliche Äußerungen, die sich als Befürwortung einer Diktatur interpretieren ließen. Vor allem Anrichs viel beachtetes Grundsatzreferat zum Karlsruher Parteitag 1966 unter dem Titel „Mensch – Volk – Staat und Demokratie" lässt überdies nicht nur Kontinuität zu eigenen Positionen aus der Zeit des Nationalsozialismus erkennen – insbesondere in der völkisch-rassistischen Ausdeutung des Volksbegriffs – sondern auch, welchen Charakter die „Nationaldemokratie" der NPD tragen sollte:

Der Staat ist höher als der Mensch und als die Menge der augenblicks lebenden
Menschen; er hat Souveränität über sie, denn er vertritt das Ganze des Volkes ... Der
Mut zur vollen Demokratie und zur, wir geben dem Wort seinen wirklichen Sinn:
zur Volksdemokratie – wird nicht noch vielfältigeren Egoismus und den Drang zu
sich entfernender Freiheit zur Folge haben, sondern ... Versittlichung ..., wirksam
bis zur Wiedereinfangung der verselbständigten rein gesellschaftlichen Interessen-
bildung und bis in die Tendenz der veröffentlichten Meinung ... Wir sind des Glau-
bens, daß der Mut zur breiten Volksdemokratie die Voraussetzung zum Entstehen
dessen sein wird, was die von der geschichtlichen Stunde unserem Volke gesetzte
Aufgabe dieser Zeit ist: die Findung einer nationalen Demokratie (zitiert nach Maier
und Bott 1968, S. 91 f.; vgl. Hoffmann 1999, S. 286).

3.2.3 Wandlungsprozesse: Die 1970er Jahre

Der Wertheimer Parteitag brachte in programmatischer Hinsicht das bewusst
maßvoll gehaltene Wertheimer Manifest 70, an das auch das Düsseldorfer Parteiprogramm von 1973 mit seinem formalen Bekenntnis zu Demokratie und
Grundgesetz anknüpfte (vgl. Hoffmann 1999, S. 318 ff.). Die 14. Lieferung des
Politischen Lexikons vom Juni 1970 enthält ein gegenüber der 1. Lieferung völlig verändertes Stichwort „Demokratie". Von einer tiefer gehenden Definition des
Volksbegriffs wird hier abgesehen, der Text beginnt mit einem Zitat aus Artikel
20 Absatz 2 des Grundgesetzes, dem Artikel also, der in dem Satz „Alle Staatsgewalt geht vom Volke aus" argumentativ das wichtigste Einfallstor für einen
völkischen Begriff „wahrer Demokratie" liefert. Die grundsätzliche Skepsis
gegenüber der realen bundesdeutschen Verfassung bleibt bestehen. So heißt es
etwa, Demokratie sei „nur ein technisches Verfahren, das die Ermittlung und Rea-
lisierung eines manipulierbaren Mehrheitswillens vorschreibt, also nur Form und
nicht Inhalt" (Politisches Lexikon 1970). Der nach wie vor identitäre und elitäre
Demokratiebegriff kommt im letzten Absatz zum Ausdruck, wo zwar erklärt wird,
Demokratie könne überall praktiziert werden, wo Menschen organisiert seien,
dies aber durch eine bezeichnende Wendung eingeschränkt wird:

Sie funktioniert aber nur da, fördert nur dort die vorgegebene Aufgabe einer
Gemeinschaft, wo die Mitglieder gleiche Interessen haben, dieselbe Verantwortung
und dasselbe Risiko tragen und vor allem zur Entscheidung in gleicher Weise qua-
lifiziert sind. Trifft das nicht zu, so bedeutet Demokratie das Mitbestimmungsrecht
Minderqualifizierter oder Minderinteressierter und stört das einer Institution übertra-
gene Anliegen (Politisches Lexikon 1970).

Anfang der 1970er-Jahre begab sich die NPD kurzfristig auf das Feld einer aggressiven Kampagnenpolitik gegen die neue Ostpolitik der sozialliberalen Koalition, rief zur „Aktion Widerstand" auf und mobilisierte ihre Anhänger und Mitglieder zu tumult- und radauförmigen Kundgebungen und Störaktionen (vgl. Niethammer 1971; Kopke 2010). Obgleich sie sich von dieser Taktik bald wieder verabschiedete, kommt doch hierein eine Lagebeurteilung und ein allgemeines Angstszenario zum Ausdruck, das in außenpolitischer Hinsicht den Westen und das „kapitalistische" Lager nicht mehr als Bündnisgenossen im Kampf gegen den Kommunismus wahrnahm. Unter dem Eindruck der Aktionsformen der neuen Linken sowie der nationalen und sozialen Befreiungsbewegungen in der Dritten Welt flossen Elemente in die Programmatik der NPD ein, die ihr bisher eher fremd gewesen waren. Das hatte auch Auswirkungen auf die Stellungnahme zur Demokratie.

In programmgeschichtlicher Hinsicht wird in diesem Zusammenhang besonders auf die Diskussionen innerhalb der Jugendorganisation der Partei, den Jungen Nationaldemokraten hingewiesen (vgl. Hoffmann 1999, S 318 ff., 410 ff.; vgl. auch Schmollinger 1986c; Dudek 1985, S. 140 ff.). Von ihnen gingen eine Reihe neuer, in der Regel radikalisierender Impulse aus, die nationaldemokratische Positionen an die neue Realität der modernisierten Bundesrepublik anpassen sollten und zugleich mittelfristig den Wechsel weg von der „Erlebnisgeneration" des Nationalsozialismus, hin zur bundesrepublikanisch sozialisierten Generation gewährleisteten. In einem vielfach desintegrierten und aufgefächerten rechtsextremen Spektrum, dem eine neuerliche Integration zur geschlossenen nationalen Opposition nicht mehr gelang, bewegten die Jungen Nationaldemokraten sich mit größerer kultureller und geistiger Flexibilität zwischen Ansätzen einer intellektuellen Reformulierung rechtsextremer Positionen, neo-nationalsozialistischen Straßenaktionen und nationalrevolutionärer Radikalisierung. Sie nahmen Impulse der neuen Linken, der internationalistischen Solidaritätsbewegungen und der Alternativbewegungen auf und passten sie gezielt in die völkisch-antiegalitäre Weltanschauung der extremen Rechten ein (vgl. Bartsch 1975; Schönekäs 1990; Hoffmann 1999, S. 320 ff.).

Zwischen 1976 und 1979 erschienen zunächst separat, dann geschlossen als schmale Broschüre die „Thesenpapiere" der Jungen Nationaldemokraten. Sie positionieren den „Nationalismus" vor allem als „Dritten Weg" zwischen „Liberalismus/Kapitalismus" und „Marxismus/Kommunismus". Die Diskussion um Begriff und Inhalt der Demokratie spielt keine herausragende Rolle, aber die Jungen Nationaldemokraten postulieren, die „Nationalisten Westdeutschlands" richteten sich „in ihrem Kampf nach dem Wortlaut des Grundgesetzes, nicht nach seiner Interpretation durch die Herrschenden". Das Grundgesetz dürfe „nicht länger mißbraucht und entfremdet werden, sondern muß – notfalls – gegen sie verwirklicht und durchgesetzt werden" (Junge Nationaldemokraten o. J.). Insgesamt präsentierten die JN sich als Kraft eines weltweiten „Befreiungsnationalismus" und rückten das deutsche Volk in eine Reihe mit jenen nationalen Bewegungen, die in den Ländern der Dritten Welt einen antikolonialen und antiimperialistischen Kampf propagierten. Besondere Sympathien genossen dabei palästinensische Gruppierungen. Deren politische, militärische und terroristische Angriffe auf Israel als „jüdischen Staat" korrespondierten mit dem Antisemitismus in den Reihen der Jungen Nationaldemokraten, der sich nicht zuletzt in der verschwörungsmythischen Identifizierung von „Marxismus" und „Liberalismus", von Sowjetunion und USA zeigte. Dieser antisemitische Komplex setzt die Israelfeindschaft der nationalen Opposition deutlich von der Begründung des Antizionismus in der politischen Linken ab (vgl. Botsch und Kopke 2016). Manche Vertreter eines „nationalen Widerstands" zeigten sich in jenen Jahren allerdings von dem Voluntarismus und Dezisionismus und der Gewaltbereitschaft unter linksradikalen Gruppen besonders beeindruckt, weil dies eigenen Affekten und Affinitäten zu entsprechen schien. Letztendlich waren die radikalen, auf Widerstand und Befreiung orientierten Parolen aber auch ein Produkt des Zeitgeistes. Den antiegalitären und autoritären Charakter der NPD konnten sie nur schwach überdecken.

Die zeitgleich laufende programmatische Diskussion in der Mutterpartei fand 1979 in einem neuen Nationaldemokratischen Manifest ihren Niederschlag. Hierin vollzog auch die NPD als solche eine außenpolitisch motivierte Modifikation des Demokratiekonzepts. Die zehn Thesen des Manifests leitet die Formulierung ein: „Fremde Gewalt lastet auf dem geteilten Deutschland im geteilten Europa. Die politischen Systeme der Gegenwart zerstören die Demokratie. Sie sind als Handlanger der weltbeherrschenden Mächte unfähig, die Freiheit der Völker zu erkämpfen" (NPD 1979). Daher sei die Nationaldemokratie die „Verwirklichung der Einheit von Volk und Nation in freier Selbstbestimmung aufgrund des geltenden Völkerrechts". Das Wesen der Nationaldemokratie beruhe auf dem „Respekt und der Achtung vor der natürlichen Ungleichheit der Menschen. Gleich sind die Menschen nur vor dem Gesetz und in der Unantastbarkeit ihrer Würde". Nationaldemokratie sei „die wahre Verwirklichung einer SOUVERÄNEN VOLKSHERRSCHAFT, die auf der Unantastbarkeit der, auch im Grundgesetz verankerten, freiheitlichen Grundordnung beruht" (NPD 1979). Insbesondere die 7. und 8. These profilieren den Demokratiebegriff der NPD in den 1970er Jahren in Abgrenzung zur Vorstellung einer internationalen Gemeinschaft und leiten den Souveränitäts- und Freiheitsanspruch aus der internationalen Politik ab:

> Da die Demokratie heute als beste und sinnvollste Staatsordnung anerkannt ist, Demokratie jedoch Herrschaft des Volkes bedeutet, es aber kein internationales Volk gibt, kann sie nur innerhalb eines Volkes, d. h. innerhalb einer Nation, verwirklicht werden. Somit ist die Nationaldemokratie die einzig mögliche Demokratie und folgerichtig die einzige Alternative zum internationalistischen Imperialismus, sei er nun kommunistischer, kapitalistischer oder sonstiger Färbung (NPD 1979).

Als Grundprinzipien einer souveränen Volksherrschaft benennt die NPD im Manifest gleiche Rechte und gleiche Pflichten gegenüber der Gemeinschaft des Volkes, garantierte Rechtsstaatlichkeit und Gewaltenteilung, Ermittlung des Mehrheitswillens unter Garantie der freien Betätigungsmöglichkeiten für alle Minderheiten und Parteien und der freien Entfaltung der Persönlichkeit und schließlich die uneingeschränkte Regierungsgewalt über das gesamte Staatsgebiet des Volkes. Diese letztere Formulierung ist von Bedeutung, weil sie einerseits auf die noch bestehenden Einschränkungen der Regierungsgewalt in der Nachkriegsordnung rekurriert, darüber hinaus aber nicht nur die DDR, sondern mindestens auch die bis 1937 zum Deutschen Reich gehörenden Territorien mit einschließt und gegebenenfalls auch so interpretiert werden kann, dass sie den weiteren deutschen „Volksboden" im Sinne der „großdeutschen" Programmatik umfasst. Politiker, die „internationalistischen" Ideen oder Systemen verbunden seien, könnten die Prinzipien dieser „wahren Demokratie" niemals verwirklichen, weshalb ihnen die Mitwirkung abgesprochen wird:

> Nur Politiker und Parteien, die sich ihrer nationalen Pflicht und Verantwortung gegenüber der Gemeinschaft ihres Volkes bewußt sind, können die wahre souveräne Volksherrschaft, wie sie in der Nationaldemokratie verankert ist, verwirklichen. Die Nationaldemokratie ist deshalb die Ordnung, in der die Demokratie in ihrer wörtlichen und geistigen Bedeutung verwirklicht werden kann (NPD 1979).

Hinter der Anklage gegen Internationalismus, Imperialismus und One-World-Ideologie, die angeblich vom Kapitalismus/Liberalismus und Marxismus/Kommunismus gleichermaßen betrieben werde, und der Forderung nach „Freiheit der Völker", in erster Linie Deutschlands, das als Reich neu zu begründen sei, steckt ein deutlich verschwörungsmystisches Moment. Ein impliziter Antisemitismus muss hier sowohl in der Mutterpartei als auch in der Jugendorganisation als dauernd kopräsent angenommen werden. Aber auch die innenpolitisch-immanente Kritik des Parlamentarismus sowie des Parteien- und Verbändestaats, die

Probleme und Bedrohungen nicht auf gleiche Weise unmittelbar externalisiert, bleibt in der NPD-Programmatik aktuell:

> Das zementierte Kartell der Bundestagsparteien, die 5 %-Klausel und die durchgehend praktizierte Chancen-Ungleichheit der Parteien haben dazu geführt, daß aus der Repräsentation des Volkes eine Repräsentation der unser politisches Leben beherrschenden Schichten der Bürokratie, der Interessengruppen und Funktionäre geworden ist. Damit tut sich zwischen dem Staat und dem regierten Volk eine immer breitere Kluft auf … Staat und Volk fallen auseinander (Vorsatz 1978, S. 11).

Ohne die Bedeutung programmatischer Debatten für die Geschichte einer politischen Partei überschätzen zu wollen, kann man doch feststellen, dass der sektiererische Charakter der Programmatik in den 1970er Jahren der NPD wenn nicht geschadet, so doch auch nicht genützt hat. An der Wahlurne blieb sie ohne Erfolg, ihre Mitgliederzahlen brachen zu Beginn des Jahrzehnts ein und sanken von 1974 bis 1983 weiter ab. Innerhalb des Nationalen Lagers hatte die NPD ihren Einfluss und ihre integrierende Kraft fast vollständig eingebüßt (vgl. Stöss 2005).

3.2.4 Von Mußgnug zu Deckert: Die 1980er-Jahre und frühen 1990er-Jahre

Mit der politischen und kulturellen Wende der 1980er Jahre galt es, die Position der NPD im politischen Spektrum der Bundesrepublik neu zu bestimmen. Die Rhetorik des „radikalen Bruchs", die in den 1970er Jahren gepflegt wurde, kam wieder aus der Mode, Berufung auf historische Überlieferungen gewann dagegen an Bedeutung. Schon im Manifest von 1979 wurde der Begriff „Nationaldemokratie" in die Tradition des Vormärz und der demokratischen deutschen Einigungsbestrebungen gestellt und dabei eine Forderung des Hambacher Festes von 1832 zitiert (NPD 1979). Als die NPD 1982 ihren 16. Bundesparteitag in Germersheim abhielt, trugen die Delegierten Plaketten mit der Aufschrift „Hambach – 150 Jahre Nationaldemokratie" (zitiert nach Hoffmann 1999, S. 327). Statt der seit der frühen Weimarer Republik im völkischen Lager vorherrschenden Reichsfarben schwarz-weiß-rot verwendete die NPD damals in ihren Logos und ihrer Propaganda die Farben schwarz-rot-gold, wohl wissend, dass diese vor 1919 keineswegs immer exklusiv für demokratisch-republikanische Tradition gestanden hatten (vgl. Valentin und Neubecker 1929; Weißmann 1991). Es handelte sich gleichwohl um den Versuch, auch symbolisch einen Platz innerhalb, nicht außerhalb des politischen Systems der Bundesrepublik zu markieren. Die moderateren Kräfte in der NPD, die für eine derartige Politik standen, konnten sich für einige Jahre durchsetzen. Ein seit dem Parteitag 1983 ausstehendes neues Parteiprogramm, das allerdings erst 1986 zur Abstimmung reif war und erst 1987 angenommen wurde, formulierte in selten maßvollen Worten: „Grundlage jeder Gemeinschaft sind die unverletzlichen, unveräußerlichen Menschenrechte. Wir Nationaldemokraten setzen uns daher für die freiheitlich-demokratische Grundordnung im Sinne des Grundgesetzes ein" (zitiert nach Hoffmann 1999, S. 329). Die vergleichsweise niedrige Zustimmungsrate von 71 % der Delegierten zeigt insdes, dass der moderate Kurs in der Partei nicht unumstritten war.

Die Analyse der Programmgeschichte zeigt, dass die positive Bezugnahme der NPD auf eine „wahre Demokratie" keineswegs eine jüngere Entwicklung darstellt, sondern bereits bei ihrer Vorgängerin Deutsche Reichspartei nachweisbar ist und dann mit einer gewissen Kontinuität gepflegt wurde. Damit ging in der Regel eine Distanzierung von wesentlichen Elementen der pluralistischen, repräsentativen Demokratie der Bundesrepublik einher. Selbst in den 1970er und 1980er Jahren, mit ihrer vergleichsweise moderaten Programmatik und einem deutlicheren Bekenntnis zum Grundgesetz, wurde dessen vorläufiger Charakter betont und eine spätere Revision offen gehalten. Eine Kritik an der Substanz der vom Grundgesetz festgelegten Ordnung blieb generell bestimmend. Zudem propagierte die NPD auch und gerade in den 1970er Jahren das Bild einer „wahren Demokratie", die nur von national gesinnten Kräften verwirklicht werden könne. Damit blieb sie als Partei der nationalen Opposition ihrem Ansatz der „Opposition aus Prinzip" (Kirchheimer 1967) treu.

3.3 Programmatische Positionen in der „Ära Voigt"

3.3.1 Das Parteiprogramm von 1996

Man könnte annehmen, die allgemeine Radikalisierung der NPD in der „Ära Voigt" habe auch zu einer Abkehr vom demokratischen Bekenntnis geführt. Besonders Marc Brandstetter hat einen solchen programmgeschichtlichen Bruch scharf heraus gestellt und den gegenwärtigen Demokratiebegriff der NPD von der älteren programmatischen Entwicklung abgekoppelt (Brandstetter 2006a, S. 112 ff.). Ein solcher prinzipieller Bruch lässt sich zumindest im Parteiprogramm von 1996 nicht erkennen. Immer noch behauptete die NPD, sie verkörpere die „wahre Demokratie" gegenüber der bundesrepublikanischen Ordnung. Dass ein dezidiertes Bekenntnis zum Grundgesetz nicht mehr enthalten war, hat aus

Perspektive der NPD durchaus eine gewisse Berechtigung: Das Grundgesetz hat sie immer als „vorläufig" bezeichnet, und den Beitritt der Länder der ehemaligen DDR betrachtete sie zwar nicht bereits als Wiedervereinigung, aber wohl als staatsrechtlichen Vorgang, der die Nachkriegsordnung hinfällig machen müsste. Da dies nicht geschehen sei, findet die NPD hierin einen neuerlichen Anlass, ihre radikale Kritik der Bundesrepublik zu formulieren. Dies belegen etwa die „Grundgedanken", die dem Parteiprogramm vom Dezember 1996 vorangestellt sind (NPD-Parteiprogramm 1997).

Im ersten Abschnitt „Grundlage des Staates ist das Volk" formuliert die NPD ihre völkisch-nationalistische Grundposition, ein Kernstück des von ihr behaupteten „lebensrichtigen Menschenbildes". Das Programm bewegt sich damit durchaus im Rahmen früherer Ansätze. Zum Ausgangspunkt nimmt es erneut den Begriff „Volk", der im Deutschen als Äquivalent für „demos" verwendet wird (vgl. Koselleck et al. 1992). Die NPD deutet dieses Wort im Sinne völkischer Weltanschauungen aus als eine organische, natürliche Gemeinschaft, in der Abstammung, Sprache, Kultur und historisches Schicksal übereinstimmen. Dies entspricht einer radikalen Ausgrenzung bedeutender Teile der deutschen Wohnbevölkerung aus dem „demos", und zwar nicht nur Zuwanderer, sondern auch deren Nachkommen – wobei offen bleibt, bis zur wievielten Generation – sowie eingebürgerte Zuwanderer und deren Nachkommen, ferner Juden und andere, die aus völkischer Sicht nicht zum deutschen Volk gerechnet werden (vgl. Kailitz 2007a, b).

Ebenfalls in der Kontinuität völkischer, wie auch nationalsozialistischer Politik steht das Bekenntnis zur „Volksgemeinschaft" als angestrebter sozialer Ordnung, in der Einzel- und Gruppenegoismen zu überwinden seien und das Volk in nationaler Solidarität neu geboren werden könne. Der Gedanke der Volksgemeinschaft ist dabei die spezifische Antwort der völkischen Bewegung und nationalen Opposition auf die widersprüchlichen Entwicklungen der Moderne (vgl. Puschner 2001; Breuer 2008). Sie stellt die organische, widerspruchsfreie, nicht entfremdete und vor allem harmonische Gemeinschaft dar, die nach Sicht der NPD zunächst wieder geschaffen werden muss, um wahre Volkssouveränität zu ermöglichen. Das bedeutet in der Konsequenz zweierlei: Erstens, und hier wurde das NPD-Programm von 1996 ganz explizit, die erzwungene Auflösung der „multikulturellen Gesellschaft" durch „Ausländerrückführung". Zweitens, und hier war die Programmatik weniger offen, aber noch hinreichend eindeutig, die Beseitigung der Macht jener konkurrierenden politischen Kräfte, die im NPD-Programm als „etablierte", „multikulturelle, imperialistische und gleichmacherische Kräfte" denunziert werden.

Die konkreten Ausführungen zum Problem der Demokratie finden sich im 3. Punkt „Alle Staatsgewalt geht vom Volke aus". Um das Subjekt der Demokratie im Sinne der NPD nochmals hervorzuheben, leitet den Programmpunkt die Behauptung ein: „Volksherrschaft setzt die Volksgemeinschaft voraus" (NPD-Parteiprogramm 1997). In den folgenden Sätzen schränkte die NPD sogleich jeden Bezug auf ein „Mehr" an demokratischer Partizipation ein, und zwar sowohl seitens des Individuums als auch seitens des in Interessengruppen organisierten Staatsbürgers. „Politische Organisationsformen" müssten so geordnet sein, dass sie „handlungsfähige Organe ermöglichen, die in Übereinstimmung mit den Grundzielen des Volkes handeln". Der Staat hat „über den Egoismen einzelner Gruppen zu stehen und die Gesamtverantwortung zu übernehmen. Er ist der Wahrer des Ganzen" (NPD-Parteiprogramm 1997). Gegenüber der Exekutive komme dem „Volk" die Aufgabe zu, die „Austauschbarkeit der Regierungen durch demokratische Entscheidungen" und die „Kontrolle der Machthaber" zu gewährleisten (NPD-Parteiprogramm 1997).

Dennoch behauptet die NPD, sie wolle den Einfluss des Volkes stärken. Sie propagiert dabei das Instrument des Plebiszits. Direkt zu wählen sei der Bundespräsident, der „über den Parteien und dem politischen Tageskampf" (NPD-Parteiprogramm 1997) stehen müsse. Welche direkten Wahlen darüber hinaus angestrebt wurden, welche Reichweite die von der NPD im Programm geforderten Volksentscheide haben sollten und welche Verfahren hier zur Ermittlung des Volkswillens Anwendung finden würden, ließ das Parteiprogramm offen. Ein wenige Jahre später vorgelegtes Papier zum strategischen Konzept der NPD fasste zusammen:

> Die politischen Ziele der NPD sind im Parteiprogramm beschrieben. Sie lassen sich sinngemäß in einem Satz zusammenfassen: Die NPD will den Verfassungsstaat BRD zu einem freiheitlichen, demokratischen Rechtsstaat vervollkommnen, in dem neben der Wahrung der individuellen Menschenrechte auch die Existenzsicherung des deutschen Volkes und die Erhaltung seiner Lebensgrundlagen Verfassungsrang erhalten und dem Staat eine dementsprechende Schutzfunktion für Volk und Land zugewiesen wird (NPD-Parteivorstand 1999, S. 359).

3.3.2 Das „Staatspolitische Positionspapier" von 2001

2001 belebte die Parteiführung der NPD eine seit zwanzig Jahren still liegende programmatische Schriftenreihe namens „profil" neu: Der Arbeitskreis „Volk und Staat" legte unter der Heftnummer 11 ein Papier vor, das wohl maßgeblich vom damaligen Leiter des Arbeitskreises, Jürgen Schwab (vgl. Grumke und Wagner

2002, S. 319 ff.; Jesse 2003; Pfahl-Traughber 2003), verfasst worden ist. Schwab wird mitunter jenem Kreis rechtsextremer „Intellektueller" (so etwa Jesse 2003; Pfahl-Traughber 2003, 2004) zugerechnet, welche von anderen Autorinnen und Autoren unter der Sammelbezeichnung „Neue Rechte" gefasst werden (vgl. Gessenharter und Pfeiffer 2004). Das Staatspolitische Positionspapier stellt den Widerspruch zum Grundgesetz besonders deutlich heraus und bringt dabei eine scharfe, fundamentaloppositionelle Kritik der bestehenden Ordnung zum Ausdruck, die sich auf mehreren Ebenen bewegt. Prinzipiell – und im Anschluss an Carl Schmitt gewissermaßen „geistesgeschichtlich" – gründet die Kritik auf der schroffen Gegenüberstellung von Liberalismus und Parlamentarismus einerseits, Demokratie und Volkssouveränität andererseits. Historisch wird, auf einer zweiten Ebene, das Grundgesetz als Diktat der Sieger des Zweiten Weltkriegs abgelehnt und auf diese Weise delegitimiert. In enger Verbindung mit dieser „historisch-fiktionalen" Geschichtsdeutung (Botsch 2011b, 2016b) wird auch für die Gegenwart eine Fremdbestimmung konstatiert, durch welche die demokratischen Elemente der Verfassungsordnung überlagert und entwertet würden. Sodann fährt die NPD heftige Attacken auf der Ebene der Verfassungswirklichkeit, wobei sie die Bundesrepublik als Parteien- und Verbändestaat brandmarkt, um schließlich die vorgebliche Verfolgung der Opposition – womit nur die nationale Opposition des eigenen Lagers gemeint ist – als Beweis für den undemokratischen Charakter des politischen Systems zu nehmen. Das in dem Papier enthaltene Bekenntnis zu Fundamentalopposition und Systemgegnerschaft fiel wesentlich deutlicher aus als in früheren Verlautbarungen:

> Die Fundamentalopposition im politischen System der BRD hat ... die Aufgabe, die gemeinschaftszerstörenden Kräfte der Gemeinschaft unterzuordnen. Kern der Schwäche des politischen Systems der BRD sind (sic!) die Widersprüche und die Unvollkommenheit der Grundrechte. Würden diese nicht nur aus den Menschen- und Bürgerrechten bestehen, sondern auch noch die Gemeinschafts- und Volksrechte umfassen, wären die ... gemeinschaftszerstörenden Umtriebe verringert. Dieses Ziel wird der Kernpunkt einer von der NPD angedachten Neuen Ordnung, dem Volksstaat sein. ... Diese Notwendigkeit, als Zukunftsvision und Gegenentwurf zum derzeitigen Zustand in der BRD einen Volksstaat heute schon zu skizzieren und in naher Zukunft zu einem greifbaren Entwurf fortzuentwickeln, bedingt zunächst einmal eine Fundamentalopposition ... [G]enau darum geht es einer revolutionären Partei wie der NPD (NPD-Parteivorstand o. J. b).

Die Kritik des parlamentarischen Systems nimmt ihren Ausgangspunkt bei Carl Schmitts Schrift über die „geistesgeschichtliche Lage des heutigen Parlamentarismus" (Schmitt 1996; vgl. Mehring 2009). Das NPD-Papier zitiert hauptsächlich

die Vorbemerkung zur zweiten Auflage von 1926, die gegenüber dem eigentlichen Text von 1923 eine deutliche Radikalisierung der Position bedeutet. In
diesem auch separat publizierten Text hatte Schmitt 1926 den „Gegensatz von
Parlamentarismus und Demokratie" scharf heraus gestellt. Es ging nicht mehr nur
darum, Parlamentarismus, Liberalismus und Demokratie historisch voneinander
abzusetzen, sondern, unter Berufung auf Jean Jacques Rousseau, beide in einen
grundsätzlichen Widerspruch zueinander zu rücken. Auch die wenige Jahre später
formulierte Freund-Feind-Dichotomie im Denken Schmitts (vgl. Schmitt 1933,
S. 7 ff.) deutet sich schon an; die „Vernichtung" des Anderen beziehungsweise
Fremden wird 1926 bereits als Möglichkeit oder Notwendigkeit in Betracht gezo-
gen. Der bekannte Satz aus der Vorbemerkung zur Parlamentarismusschrift lautet:
„Zur Demokratie gehört … notwendig erstens Homogenität und zweitens – nöti-
genfalls – die Ausscheidung oder Vernichtung des Heterogenen" (Schmitt 1996,
S. 14). Es ist bemerkenswert für unseren Zusammenhang, an welchen beiden
zeitgenössischen Beispielen moderner Demokratien Schmitt dies exemplifiziert:
an der „radikalen Aussiedlung der Griechen und … rücksichtslosen Türkisie-
rung" (Schmitt 1996, S. 14) der Türkei 1923 und an der zeitgenössischen restrik-
tiven australischen Einwanderungsgesetzgebung im Rahmen der „White Australia
Policy". Dabei ist die völlig abweichende historische Situation in Deutschland
Mitte der 1920er Jahre zu berücksichtigen: Revolution, Bürgerkrieg und Konter-
revolution hafteten ebenso frisch im Gedächtnis wie die krasse soziale Ungleichheit, die sich während der Inflation zeigte. Aber die zeitgenössischen politischen,
sozialen und ökonomischen Verwerfungen dienten Schmitt gerade nicht zur Entwicklung seiner Forderung nach gewaltsamer Schaffung von Homogenität, welche vielmehr nur ethnisch begründet wird. Dies geschah in einer historischen
Lage, in der die Widersprüche zwischen den verschiedenen ethnischen Gruppen
in Europa gerade durch neue Grenzziehungen, den Völkerbund und das Experi-
ment eines europäischen Minderheitenschutzes entschärft werden sollten; gleichzeitig war Deutschland – nach dem Abebben und Eindämmen einer zahlenmäßig
irrelevanten, aber politisch hoch brisanten ostjüdischen Migrationswelle – nicht
nur in der Bilanz ein Auswanderungsland (in dem Sinne, dass mehr Menschen
ein- als auswanderten), sondern kannte auch faktisch keine Immigration (vgl.
Bade et al. 2007, S. 152 ff., 822 ff.).
Im Positionspapier der NPD heißt es, bei einer Demokratie gehe es immer

um Volksherrschaft (im Singular) und nicht um die fiktive ‚Herrschaft' von Völkern (im Plural) beziehungsweise einer ethnisch undefinierbaren Wohnbevölkerung
… Demokratie und demokratisches Wahlrecht setzt (sic!) kulturelle und staatsbürgerliche Gleichheit voraus – im Gegensatz zur ‚multikulturellen' Ungleichheit. Für

Carl Schmitt jedenfalls steht fest, daß es in der Demokratie nur die Gleichheit der Gleichen und den Willen derer, die zu den Gleichen gehören, gebe. Dagegen sei die Gleichheit aller Menschen als Menschen nicht Demokratie, sondern eine bestimmte Art Liberalismus (NPD-Parteivorstand o. J. b).

Unter der Parole „Demokratie setzt *ein* Staatsvolk voraus" proklamiert die NPD, dass sich der „deutsche Volksstaat der Zukunft dem völkischen Prinzip Platons voll verpflichtet fühlen" werde und „Volkssouveränität … nur im Rahmen der politisch verfaßten und sich selbst bewußt gewordenen Nation", diese aber nur im „Ordnungsmodell des Nationalstaats" möglich sei. Die NPD glaubt, hier „ganz im Sinne von Carl Schmitt [zu] argumentieren" (NPD-Parteivorstand o. J. b). Und in der Tat scheint Schmitts Parlamentarismusschrift, mit ihrer wesentlich ethnisch begründeten Forderung nach Homogenität, für eine politische Partei, deren Programmatik und politische Positionierung sich in derart auffallender Weise um das „Ausländerthema" (NPD-Parteivorstand 2006b, S. 6) dreht, geeignet, geradezu paradigmatischen Charakter für die NPD zu erhalten. Es kann insofern fast verwundern, warum die Schmitt-Rezeption nicht bereits viel früher explizit in die Demokratie-Rhetorik der NPD einbezogen wurde. Doch darf dabei nicht vergessen werden, dass Schmitt im Gegensatz zu anderen, durchaus belasteten deutschen Juristen in der Nachkriegszeit als „Kronjurist des Dritten Reiches" unmittelbar mit der NS-Diktatur in Verbindung gebracht wurde, was das von der NPD in der Öffentlichkeit angestrebten Bild hätte gefährden können. Hinzu kommt eine an sich gegenläufige Tendenz, die aber in der Wirkung bei der früheren NPD ebenfalls Distanz zu Schmitt nahe gelegt hat. Dass Schmitts Argumentation quer zur völkischen Weltanschauung steht, war seinen Zeitgenossen durchaus bewusst. Nach Auffassung seiner nationalsozialistischen Kritiker, die häufig – wie Ernst Anrich – der SS verbunden waren, betonte er zu wenig die Seite des Volkes und zu sehr die Diktatur, den Machtstaat. Damit legte Schmitt den Fokus auf die negative Seite der Feindbestimmung und nicht auf die Entwicklung der positiven Kräfte in der Volksgemeinschaft. Otto Koellreutter, einer der führenden Staatsrechtler des Nationalsozialismus, bezeichnete die Freund-Feindkategorie Carl Schmitts bereits 1935 als rein formale Unterscheidung und gar als „Gegenposition zu der nationalsozialistischen Auffassung vom Wesen des Politischen". Insofern der Freund nur „Nicht-Feind" bleibe, orientiere sich die Schmitt'sche These „nicht an einer Einheit oder Gemeinschaft, sondern *nur* am politisch Gegensatz", sei daher „gemeinschaftsfremd und in diesem Sinne a-völkisch". Der Nationalsozialismus orientiere sich demgegenüber „an der Gemeinschaft, d. h. am Freund im Sinne von Volksgenossen" (Koellreuter 1935, S. 8 f.; vgl. Rüthers 1989, S. 58 ff.; Mehring 2009).

Indes sind beide Aspekte, die eine Anknüpfung an Schmitt für die frühere NPD erschwert haben mögen, heute hinfällig. Mit dem Ausscheiden der „Erlebnisgeneration" hat die Skepsis gegenüber Schmitt an Bedeutung verloren. Zugleich hat die Schmitt-Renaissance der vergangenen drei Jahrzehnte – an der Schmitt-Anhänger aus dem nationalistischen Milieu einigen Anteil hatten (vgl. Gessenharter 2007) – das Bild des Staatsrechtlers als „Kronjuristen des Dritten Reiches" verschoben oder aufgehoben, sodass eine Bezugnahme auf ihn relativ harmlos erscheinen mag. Die NPD hat jedenfalls, im Unterschied zu anderen Segmenten des rechtsextremen Spektrums und nationalistischen Lagers, erst relativ spät diese Bezugnahme gewagt. Dabei bezieht sich das Papier übrigens nicht auf den Mainstream konservativer Schmitt-Renaissance, sondern führt nur das Manuskript der bei Bernhard Willms entstandenen Dissertation von Thor von Waldstein an (die 2008 auch als Buch erschienen ist). Thor von Waldstein aber ist ein Kind des nationaldemokratischen Milieus. Gehörte schon sein Vater zeitweilig dem Vorstand der NPD an, fungierte er selbst Ende der 1970er Jahre, Anfang der 1980er Jahre als Vorsitzender des Nationaldemokratischen Hochschulbundes (vgl. Waldstein 1984; Hoffmann 1999, S. 463).

Ein anderes Element des Positionspapiers, die Delegitimierung der politischen Ordnung der Bundesrepublik, erinnert in seiner Radikalität an die Positionen der „Reichsbürger", die seit dem Ende der 1990er Jahre einen gewissen Einfluss auf die Parteipolitik und -programmatik nehmen konnten. So wird im Positionspapier etwa behauptet, das „Grundgesetz der BRD" sei „völkerrechtswidrig zustande gekommen. Es wurde dem deutschen Volk 1949 von den westalliierten Besatzungsmächten oktroyiert" (NPD-Parteivorstand o. J. b). Dennoch geht das Positionspapier, als offizielle NPD-Stellungnahme, nicht so weit, wie die Protagonisten des „Reichsbürger"-Gedankens, die in der politischen Ordnung der Bundesrepublik schlechterdings ein völkerrechtswidriges Besatzungsregime sehen, eine „Organisationsform einer Modalität der Fremdherrschaft" (womit ein Wort Carlo Schmids aus den Verhandlungen des Parlamentarischen Rats aus seinem historischen Kontext gerissen wird). Die „OMF-brd" begründe keine Rechtsordnung, die für die Bürger des Deutschen Reichs Geltung beanspruchen könne, vielmehr sei jeder „Reichsbürger" zum Widerstand gegen dieses Regime aufgerufen (vgl. Jesse 2001, 2003; Aydt 2004; Erb und Klärner 2005; Wilking 2015).

In der Argumentation der NPD ist indes die „Fremdherrschaft" nicht das einzige Moment, das zu einer Verfälschung der „wahren Demokratie" geführt hat, auch wenn die Bedingungen dieser Verfälschung wiederum systemisch angelegt seien. Die Demokratiekritik der NPD richtet sich zugleich gegen den

Parteien- und Verbändestaat und kann dabei an weit verbreitete, auch von aner-
kannten Politikwissenschaftlern vertretene Thesen anknüpfen. Das Positionspapier erinnert unter anderem an die populär gehaltenen Bücher von Ute und Erwin
K. Scheuch über Ämterpatronage und Korruption. Gegen Ende seines Lebens
war Scheuch durch seine Unterstützung der Wochenzeitung Junge Freiheit (vgl.
Braun und Vogt 2007) in Beziehung zum nationalistischen Milieu getreten und
dürfte insofern eine gewisse Achtung in diesen Kreisen genossen haben. Explizit nachgewiesen werden in dem Thesenpapier einige der zahlreichen, ebenfalls
populär gehaltenen Schriften des Speyerer Staats- und Verwaltungswissenschaft-
lers Hans Herbert von Arnim (1993b, 2000; vgl. z. B. auch 2008; außerdem:
Schwarz 1999). Zweifellos kann kein Demokrat dafür garantieren, dass ihn
antidemokratische Kräfte nicht positiv rezipieren, zitieren, vereinnahmen oder
sich von ihm inspirieren lassen – und keinesfalls soll der Abstand zwischen dem
völkisch-nationalistischen Antidemokratismus der NPD und dem parlaments-
und parteienkritischen Demokratieverständnis von Arnims verwischt werden,
obgleich sich freilich auch die Junge Freiheit seiner Autorenschaft rühmt. Die
semantischen, theoretischen und programmatischen Schnittmengen sind aber
gravierend. So stehen etwa die „Reformvorschläge", die die NPD in ihrem Positionspapier formuliert, durchaus in Kontinuität zu älteren programmatischen
Postulaten, sind also nicht einfach abgeschrieben worden. Sie können jedoch
zugleich auf die Forderungen von Arnims oder Scheuchs bezogen und somit als
Erkenntnisse wissenschaftlicher Analysen beworben werden. Arnims zum Buch-
titel erhobenes Schlagwort vom „Staat als Beute" (1993a) ist uns beispielsweise
bereits in der Programmatik der Deutschen Reichspartei aus den 1950er Jahren
sowie in Thor von Waldsteins Dissertationsschrift von 1989 begegnet. Die NPD
nun spricht von einer „einseitigen Parlamentszentrierung", einer

> ‚Parlamentssouveränität', die sich immer weiter von der eigentlichen Volkssouverä-
> nität wegbewegt. Somit entsteht das, was staatsrechtlich und sozialwissenschaftlich
> motivierte Kritiker wie Hans Herbert von Arnim oder Erwin K. und Ute Scheuch
> den ‚Parteienstaat' nennen, in dem – in gemeinschaftszerstörender Weise – die
> Summe der gesellschaftlichen Teile das Ganze ersetzen sollen (sic!) (NPD-Partei-
> vorstand o. J. b).

Die NPD bekundet, dass die „Existenz von Parteien als Vertreter von Interessen
durchaus berechtigt" sei. Nicht Parteien seien „das Übel", sondern „die Parteipo-
litisierung des Staates". Sie regt an, eine Nationalversammlung einzuberufen, die
eine „Verfassung der Deutschen vorschlagen" solle (NPD-Parteivorstand o. J. b).
Als Kernpunkte skizziert sie:

a. Ein vom Volk direkt zu wählender Bundespräsident setzt den Bundeskanzler ein. Der Kanzler ist dem Präsidenten, nicht dem Parlament verantwortlich. Dieses solle sich auf „seine eigentlichen Aufgaben, die Kontrolle der Regierung (Exekutive) und die Gesetzgebung (Legislative), konzentrieren" (NPD-Parteivorstand o. J. b). Wie eine Kontrolle der Regierung ohne parlamentarische Ministerverantwortlichkeit und eine wirksame Legislative ohne Budgetrecht möglich sein sollen, lässt die NPD dabei offen.

b. Auch auf Landes- und kommunaler Ebene soll die Direktwahl eingeführt werden.

c. Für den Bundesrat wird indes eine „Parlamentarisierung … als Ausschuß der Landtage" angestrebt, um der beklagten „Gewaltenverschränkung" zu begegnen (NPD-Parteivorstand o. J. b).

d. Viertens exemplifiziert die NPD die von ihr stets verkündete Mitwirkung des Volkes auf dem Wege des Volksentscheids: dieser soll nämlich „vor allem bei Grundsatzfragen, die den Bestand von Volk und Staat betreffen" (NPD-Parteivorstand o. J. b), angewendet werden. Als Beispiele nennt die NPD solche Entscheidungen, bei denen sie sich mit dem Mehrheitswillen des Volkes in Übereinstimmung glaubt, wie etwa das Staatsbürgerrecht und die Rechtschreibreform.

e. Die „Gewaltenverschränkung" und der Einfluss der Parteien soll auch mit Blick auf die Judikative zurückgedrängt werden, indem die Benennung der Richter am Bundesverfassungsgericht durch die vereidigten Präsidenten der obersten Bundesgerichte erfolgen soll.

3.3.3 Das Aktionsprogramm für ein besseres Deutschland 2002

Im Vorfeld der Bundestagswahlen 2002 brachte die NPD auch ihr Aktionsprogramm für ein besseres Deutschland heraus, das einen eigenen Abschnitt unter dem Titel „Demokratie, Parteienfilz und Korruption" enthält. Es gliedert sich in die Unterabschnitte „Freiheit statt Totalitarismus", „Gewaltenverschränkung aufheben", „Parteienfilz beseitigen", „Totalitarismus zurückdrängen", „Gleichschaltung der Medien beenden" und „Gemeinschaft schützen" (NPD-Parteivorstand o. J. a, S. 42 ff.). Trotz seines visionären Titels enthält dieses Dokument, auch gemessen an anderen programmatischen Schriften der NPD, außerordentlich wenige Hinweise darauf, wie sich die Partei die „Nationaldemokratie" vorstellt. Es ist überwiegend eine Kritik der bestehenden Zustände, wie die NPD sie sieht, und lässt positive Demokratievorstellungen häufig allenfalls durch diesen Filter erkennen. Das Bekenntnis zum elitären „Prinzip der Auslese der Besten" wird beispielsweise im Zuge einer Argumentation gegen das „oligarchische Parteienkartell" (NPD-Parteivorstand o. J. a, S. 43) ausgesprochen.

Unter der Überschrift „Gewaltenverschränkung aufheben" fordert die NPD eine „strikte Gewaltenteilung und damit die Verwirklichung eines der zentralen Punkte der freiheitlich-demokratischen Grundordnung" (NPD-Parteivorstand o. J. a, S. 44 f.). Dies soll erstens durch die Einführung von Volksentscheiden auf Bundesebene geschehen, zweitens durch die Direktwahl des Bundespräsidenten, welcher die Regierung unabhängig vom Parlament einberufen und absetzen soll, und drittens, in Abweichung vom Positionspapier, auf dem Wege der Direktwahl der Richter durch das Volk.

Im letzten Abschnitt des Kapitels wird dann noch, wie bereits in den vorhergehenden Positionspapieren des Parteivorstands, gefordert, die Präambel des Grundgesetzes so abzuändern, dass sie auch das Volk als „schützenswertes Objekt" definiert, das „Rechtspersönlichkeit besitzt". Die „Würde und die Existenzsicherung des Volkes" seien im Grundgesetz „als wesentliches Staatsziel festzuschreiben. Bestimmte Verstöße gegen dieses Staatsziel sind zur Straftat zu erklären" (NPD-Parteivorstand o. J. a, S. 48). Welche Handlungen kriminalisiert werden sollen, lässt sich grob aus den ausländerfeindlichen, völkisch-rassistischen Ausführungen schließen, die in den ersten drei Kapiteln des Aktionsprogramms unter „Gesellschaftspolitik", „Wirtschaftspolitik" und „Familien- und Bevölkerungspolitik" diskutiert werden (NPD-Parteivorstand o. J. a, S. 10 ff., 16 ff., 28 ff.; vgl. Kailitz 2007a). Den Schwerpunkt des Kapitels „Demokratie" im Aktionsprogramm bildet die Klage über eine angebliche totalitäre Meinungsdiktatur und „Dissidentenverfolgung" – ein Argumentationsstrang der NPD-Propaganda, der, bezogen auf das Demokratieproblem, weniger in den Rahmen der Weltanschauung und Programmatik gehört, als vielmehr in den Kontext der Taktik.

Interessanterweise geht die NPD in ihrem Aktionsprogramm erstaunlich wenig auf die Partizipationsdefizite ein, die sich aus dem Prozess der Europäisierung ergeben. Dabei würde gerade dieses Themenfeld hervorragende Anknüpfungspunkte für eine völkisch-nationalistische Kritik bieten. Europäisierung ließe sich aus dieser Perspektive als fremdgesteuerter Prozess denunzieren, bei dem die europäischen Nationen gegen den vorherrschenden Willen der Mehrheiten der Völker ihrer Souveränität beraubt würden – zugunsten anonymer, übernationaler und internationalistischer Mächte, für die man dann das Wirken eines bösartigen Weltjudentums verantwortlich machen könnte. Tatsächlich integriert rechtsextreme Kritik der Europäischen Union auch diese vulgärdemokratische

Argumentation. So fordert das Aktionsprogramm etwa anstelle eines europäischen Bundesstaats einen Staatenbund, ferner ein weniger statisches Vertragssystem, das die Einflussmöglichkeiten der europäischen Ebene reduzieren und den alten Zustand voller nationaler Souveränität wieder herstellen solle (vgl. NPD-Parteivorstand o. J. a, S. 64 ff.). Ansatzpunkte für eine Konkretisierung ihrer Europakritik findet die NPD, wie der Blick in die Parteipublizistik oder die parlamentarische Praxis in Sachsen zwischen 2004 und 2014 zeigen, im Umgang mit den Ergebnissen von Referenden und Volksabstimmungen in jenen Ländern, die derartige Verfahren vorgesehen haben (vgl. Wesjohann 2006, S. 40 ff.). Der plebiszitären Ausrichtung ihrer Programmatik entsprechend forderte die NPD in den grundlegenden Fragen der europäischen Integration und Harmonisierung auch in Deutschland Volksabstimmung und ist sich sicher, dass im Ergebnis eine Ablehnung stünde.

Tiefer in eine Kritik der Entscheidungsstrukturen der EU steigt die NPD im Aktionsprogramm nicht ein. Den Schwerpunkt ihrer Europakritik legt sie auf Fragen der Wirtschafts- und Sozialpolitik im Rahmen der Globalisierung, der Grenzsicherung und Kriminalitätsbekämpfung sowie der europäischen Binnenmigration und „Multikulturalisierung" (NPD-Parteivorstand o. J. a). Eine mögliche Interpretation für diese Zurückhaltung könnte dahin gehen, dass ein auffallendes Merkmal der schwer bestreitbaren Demokratiedefizite in der Europäischen Union gerade in der Schwäche des Europäischen Parlaments gegenüber der Exekutive liegt. Würde die NPD hier ansetzen, müsste sie zum Beispiel Ministerverantwortlichkeit und Budgetrecht fordern, also ihren eigenen Antiparlamentarismus aufgeben. Ihre Polemik gegen die Europäische Union ist in diesem Punkt allgemeiner und weniger konkret gehalten, als diejenige gegen den vermeintlich korrupten Parteienstaat „BRD". Beispielsweise werden Hans Herbert von Arnims europakritische Schriften (z. B. Arnim 2006) nicht im gleichen Maße rezipiert, wie seine Bücher über deutsche Politiker und Bürokraten.

3.3.4 Das Europa-Programm 2004

Der Ort für eine solche konkrete Kritik der europäischen Entscheidungsstrukturen wäre durchaus gegeben gewesen. Zur Europawahl 2004 beschloss die NPD im Herbst 2003 ein fast 50seitiges Europa-Programm. Im Geleitwort bekundet Parteichef Udo Voigt:

> Da es weder ein europäisches noch ein EU-Volk gibt, daß (sic!) die völkische und demokratische Grundlage eines europäischen oder EU-Bundesstaates bilden könnte,

wird die etablierte Politik scheitern. Wir Nationaldemokraten setzen dagegen das Modell eines europäischen Staatenbundes der Vaterländer und Völker, die dem von uns vorgeschlagenen Europäischen Bund beitreten wollen (NPD-Parteivorstand 2004, S. 2).

In diesem Programm wird nun die Möglichkeit einer Parlamentarisierung, ja Demokratisierung Europas geradezu ausgeschlossen, und zwar nicht aus praktischen oder historisch-politischen, sondern aus völkisch-ideologischen Gründen: „Es stellt sich die Frage, wer denn in einem ‚Europäischen Bundesstaat' die Souveränität ausüben wird und ... der eigentliche Souverän sein soll?" Ein „gemischteuropäisches Parlament und eine gemischteuropäische Regierung" sind, nach Auffassung der NPD, dazu jedenfalls nicht in der Lage: „Das hat mit einer Regierung, die auf einen gemeinsamen Willen auszurichten wäre, überhaupt nichts zu tun. Das ist eine Gesellschaft und keine Gemeinschaft! ... Hier wird auf europäischer Ebene Regierungshandeln simuliert!" (NPD-Parteivorstand 2004, S. 13).

In auffallend offener Form delegitimiert die NPD im Europaprogramm 2004 die Verfassungsordnung der Bundesrepublik, behauptet ein Jahrzehnt nach dem Abzug der alliierten Kontingente eine fortdauernde militärische Besatzung und erklärt, dass

> unser deutscher Staat, das Deutsche Reich, seit dem 23. Mai 1945, dem Tag der Verhaftung der Reichsregierung Dönitz, zwar völkerrechtlich fortbesteht, doch nicht handlungsfähig ist. Die Hauptaufgabe der deutschen Nationaldemokratie besteht deshalb in der Wiederherstellung der vollen Handlungsfähigkeit des Deutschen Reiches. Wir setzen uns ein für eine Staatskonzeption, die jegliche Form von Fremdherrschaft, aber auch von Partei-, Standes- oder Klassendiktatur ausschließt und statt dessen gemeinwohlorientiert auf die Verwirklichung der deutschen Volksgemeinschaft ausgerichtet ist. An dieser Konzeption arbeitet die Nationaldemokratie (NPD-Parteivorstand 2004, S. 9).

Sie fällt damit hinter die Positionen der NPD der 1960er Jahre zurück und knüpft an den Reichsnationalismus an, wie ihn in den 1950er Jahren die Sozialistische Reichspartei sowie die Deutsche Reichspartei pflegten.

3.3.5 Weitere programmatische Stellungnahmen aus dem Führungskreis der NPD

Sowohl das Aktions- als auch das Europa-Programm zeigen in den Abschnitten, die Staat und Demokratie behandeln, deutlich den Einfluss von Jürgen Schwab.

Um dieselbe Zeit legte er im Tübinger Hohenrain-Verlag sein Pamphlet „Volks-Staat statt Weltherrschaft: Das Volk – Maß aller Dinge" vor (Schwab 2003), das Armin Pfahl-Traughber ein „Anti-Globalisierungsbuch aus völkisch-etatistischer Sicht" genannt hat (Pfahl-Traughber 2003). Es bündelt einige seiner älteren Publikationen und bringt zugleich neue Gedanken, die zum Teil von den programmatischen Entwürfen für die NPD abweichen. So wird etwa der volksgewählte Bundespräsident deutlich stärker als möglicher charismatischer Führer ausgewiesen, der sich nicht notwendigerweise ständig zur Wahl stellen müsse, solange das Volk mit ihm zufrieden sei. Auch wird die von der NPD regelmäßig betonte Fortexistenz von Parteien als Vertreter der verschiedenen sozialen und ökonomischen Interessen in einem ständisch-autoritären Sinne konkretisiert. Nach Aufhebung der Parteigründungsfreiheit sollen demnach nur drei Parteien bestehen: Sozialisten (Arbeit), Konservative (Boden) und Liberale (Kapital). Dieser Gedanke erhält einen seltsamen Beigeschmack. In anderem Zusammenhang – nämlich von der Jungen Freiheit auf das Verhältnis der NPD zu den neo-nationalsozialistischen Freien Kameradschaften hin befragt – erklärte Udo Voigt bald nach Erscheinen des Buches: „Wir versuchen neben Nationalliberalen und Nationalkonservativen eben auch die nationalsozialistische Strömung zu integrieren" (Junge Freiheit 2004). Das heißt mit anderen Worten, in der NPD ging man seinerzeit davon aus, dass *innerhalb* der nationalen Opposition drei Strömungen jeweils den Sozialismus, Konservatismus und Liberalismus repräsentieren würden und die Partei sich um die Integration dieser Strömungen bemühen müsse. Da gleichzeitig postuliert wurde, nur Nationalisten könnten wahre Demokraten sein, verfestigt sich der Eindruck, dass es der NPD um die Abschaffung der demokratischen Parteienvielfalt ging. Allerdings muss man auch sehen, dass Jürgen Schwabs Pamphlet bereits den Rückzug aus der aktiven Parteimitgliedschaft einleitete, nicht in einem Parteiverlag der NPD publiziert wurde und insgesamt nicht als programmatische Äußerung der Partei gewertet werden darf.

Größere Bedeutung kommt in dieser Hinsicht dem zitierten Voigt-Interview in der nationalkonservativen Wochenzeitung Junge Freiheit aus dem Jahr 2004 zu, da es vom damals amtierenden Parteivorsitzenden selbst gegeben wurde und Anspruch erheben kann, die Position der NPD zum Ausdruck zu bringen. Auf eine Exemplifizierung der NPD-Vorstellungen lässt sich Voigt allerdings nicht ein: „Räumen Sie mir hier weiteren Platz ein, dann werde ich Ihnen unsere Vorstellung einer neuen Ordnung … detailliert erläutern" (Junge Freiheit 2004). Er nennt diese Ordnung nur wieder eine „Volksgemeinschaft" und kündigt eine direkte Beteiligung durch Volksabstimmungen an, wie sie auch von Arnim vorschlage. Im Erfolgsrausch der sächsischen Landtagswahlen 2004 und im Gefühl

relativer Sicherheit nach dem Scheitern des Verbotsverfahrens vor dem Bundesverfassungsgericht im Vorjahr treibt Voigt die Delegitimierung des Grundgesetzes
besonders weit voran. Unter Hinweis auf die (alte) Präambel und den Artikel 146,
aus denen sich nach einer von der NPD aufgegriffenen Lehrmeinung ein Auftrag
zur Verabschiedung einer Verfassung durch das gesamte deutsche Volk ergebe,
behauptet Voigt, es existiere „mittlerweile gar keine legitime Verfassung mehr,
gegen die wir verstoßen könnten". Es sei das Ziel der NPD, die „BRD ebenso
abzuwickeln, wie das Volk ... die DDR abgewickelt hat" (Junge Freiheit 2004).

3.3.6 Argumente für Kandidaten und Funktionsträger 2006

Diese Delegitimierung der bundesdeutschen Verfassungsordnung findet sich auch
in einem für Ideologie, Programmatik und Praxis der NPD besonders aufschluss-
reichen Dokument aus dieser Phase: der vorwiegend von dem sächsischen NPD-
Landtagsabgeordneten Jürgen Gansel zusammengestellten, für die parteiinterne
Schulung bestimmten, gleichwohl vom Parteivorstand verantworteten Handreichung „Argumente für Kandidaten und Funktionsträger der NPD" (NPD-Parteivorstand 2006b; vgl. Virchow 2008). Dabei handelt es sich um eine Reihe von
fiktiven Fragen an NPD-Aktivisten, die jeweils in verschiedenen Varianten beantwortet werden, wobei Gansel auf bereits veröffentlichte Texte, etwa aus der Parteizeitung „Deutsche Stimme", zurück gegriffen hat. Unter der Frage „Wie steht
die NPD zum Grundgesetz" wird den Aktivistinnen und Aktivisten folgende bün-
dige Antwort empfohlen:

> Das Grundgesetz hat Entstehungs- und Strukturmängel: Es ist ein Diktat der West-
> alliierten, es ist vom deutschen Volk nie in einer Volksabstimmung abgesegnet wor-
> den, die Grundrechtsbestimmungen triefen vor Menschenrechtstümelei und stellen
> Deutsche im eigenen Land de facto mit Ausländern gleich, und das Grundgesetz
> hat einem gemeinwohl-schädigenden Individualismus und Parteienregime den Weg
> geebnet". Die Deutschen seien „aufgefordert, sich endlich selbst eine Verfassung
> zu geben, in der Volksabstimmungen verankert, ein volksgewählter Bundespräsi-
> dent mit starken Vollmachten institutionalisiert und der schädliche Parteieneinfluß
> beschnitten zu sein hätten (NPD-Parteivorstand 2006b, S. 30).

Anschließend folgen Erwägungen, welche positiven Elemente im Grundgesetz enthalten seien und warum es in der aktuellen Lage „eine Waffe gegen die
vollständige Entmachtung des deutschen Volkssouveräns" (NPD-Parteivorstand 2006b, S. 30) sein könne. Diese gehen auf Anregungen des zeitweilig

einflussreichen Parteiprogrammatikers Per Lennart Aae zurück (vgl. Wesjohann 2006) und sind eher strategischer oder taktischer Natur.

In programmatischer Hinsicht wiederholt die NPD unter der Überschrift „Ist die NPD eine antidemokratische Partei?" die Schmitt'sche Gegenüberstellung von Liberalismus und Demokratie, die Kritik am Parteienstaat und Zurückweisung einer heterogenen, multikulturellen und nicht homogen-volksgemeinschaftlichen Demokratie. Als ihr Ziel betrachtet sie es, das „liberale Parteienregime – ganz demokratisch! – durch ein neues Gemeinwesen mit einem volksgewählten Präsidenten und Volksabstimmungen in allen Lebensfragen der Nation" abzulösen. Diese Ordnung bezeichnet sie als „plebiszitäres Präsidialsystem" (NPD-Parteivorstand 2006b, S. 32).

3.3.7 Eine Online-Fassung des „Politischen Lexikons"

Zu Beginn des programmgeschichtlichen Abschnitts wurde auf die Bedeutung des Politischen Lexikons der NPD in den 1960er Jahren hingewiesen. Die NPD hat diese Art, einen esoterischen und von der allgemein verwendeten Terminologie weithin abgekoppelten Sprachcode zu entwickeln, fortgeschrieben. Auf ihren Internetseiten fand sich phasenweise eine Neufassung eines Politischen Lexikons, die wiederum ein Stichwort „Demokratie" aufführte (zit. als Politisches Lexikon 2008). Das Online-Lexikon steht in der Kontinuität der Programmgeschichte, setzt aber die Akzente durchaus wieder etwas anders, als die bisher diskutierten programmatischen Äußerungen. Hier wird definiert: „Demokratie will die Regierung des Volkes durch das Volk sein. Der Grundgedanke: ‚Einsatz des einzelnen für das Ganze' unter Berücksichtigung des Mehrheitswillens" (Politisches Lexikon 2008). Der Begriff wird sodann in „eine Vielzahl verschiedener, sich teilweise vollständig entgegenstehender Vorstellungen" aufgelöst, die liberale Auffassung mit dem pejorativ klingenden Wort „Demoliberalismus" belegt (Politisches Lexikon 2008).

Der Gedanke der völkischen Homogenität, der in anderen Stichworten des Lexikons präsent ist, steht im „Demokratie"-Beitrag einmal nicht im Mittelpunkt. Hier geht es eher darum, die Demokratie mit elitären, autoritären und dezisionistischen Konzepten in Verbindung zu bringen. Für die Forderung nach Beimengung eines aristokratischen Elements wird nicht etwa die breite Diskussion um die Überlegenheit gemischter Verfassungen angeführt, die sich auf die klassische, aristotelische Tradition der politischen Theorie bezieht, sondern ein Zitat des Historikers Johan Huizinga. Es handelt sich dabei um eine diskursstrategische

‚Überwältigungstechnik', die im Lager der ‚Rechtsintellektuellen' häufig ange-
troffen werden kann. Eine umstrittene Position soll aufgewertet, die Gegenposition paralysiert werden, indem man sie bei einem politischen Gegner zitiert. Im
vorliegenden Fall handelt es sich um einen niederländischen Gelehrten, der während der deutschen Besatzung selbst nationalsozialistischer Verfolgung ausgesetzt
war. Die Beliebigkeit der Auswahl zeigt sich etwa darin, dass die NPD ihn fälsch-
lich „Hutzinga" buchstabiert. So wird auch das Zitat willkürlich aus seinem Kontext gerissen, um „leistungs- und gemeinschaftsorientierte Eliten" einzufordern.
Das „Politische Lexikon" postuliert auf dieser Grundlage:

> Eine Demokratie ist dann lebensfähig, wenn sie sich auf einen Volksstaat stützen
> kann, den nationalen Willen nicht zerstört, vordemokratische Überlieferungen und
> Bindungen anerkennt, offen ist zur Einbeziehung neuer Gedanken und Entwürfe in
> seine Grundordnung, sowie die Fähigkeit, eine Elite zu bilden, einzusetzen und stets
> schöpferisch wiederherzustellen (Politisches Lexikon 2008).

Die NPD verbindet dies, in impliziter Anlehnung an Carl Schmitt, mit einem
dezisionistischen Moment: „Eine Demokratie muß sich daran messen lassen,
wie sie den Ernstfall meistert". Zur Illustration zitiert sie den ultrakonservativen
deutsch-österreichischen Publizisten Gerd-Klaus Kaltenbrunner: „Im Ernstfall
kommt es nicht so sehr darauf an, ob Demokratien hinreichend demokratisch
sind, sondern ob sie auf fähige, kompetente und mitreißende Minoritäten zurück-
greifen können" (Politisches Lexikon 2008). Diese Version des Politischen
Lexikons verband stärker als andere programmatische Dokumente den Gemein-
schafts- und Volksgemeinschaftsgedanken mit elitären Positionen. Dies wird
unter dem Stichwort „Elite (= Auslese)" konkretisiert:

> Das Dasein von Eliten widerspricht dem liberalistischen Grundgedanken der angeb-
> lichen Gleichheit aller Menschen. Es ist jedoch offensichtlich, daß die immer mehr
> dem einzelnen unübersichtlich gewordene ‚Gesellschaft' in wachsendem Maße auf
> leistungswillige und uneigennützige Eliten angewiesen ist. Eliten können erstarren
> und schmarotzerhaft werden, wenn sie nicht offen für neue Einfälle und für begabte
> Aufsteiger sind (Politisches Lexikon 2008).

Demgegenüber bedürfe eine Gemeinschaft – wie das entsprechende Stichwort, in
Abgrenzung zum Begriff der „Gesellschaft" als „liberalistisches Verfallsprodukt
einer Volksgemeinschaft" ausführt – einer „selbstlosen Elite" (Politisches Lexikon 2008). Historisch wie aktuell kommt es der NPD darauf an, die bestehenden
politischen, kulturellen und ökonomischen Leistungs- und Werteliten in diesem
Sinne als „schmarotzerhaft", „antinational" und „liberalistisch" zu delegitimieren,

demgegenüber die aktiven Kräfte der nationalen Opposition als „selbstlose Elite" zu präsentieren. Gerade durch den Verzicht auf politische Partizipation im gegenwärtigen „System", durch „Fundamentalopposition" im Sinne einer „Opposition aus Prinzip" soll der überlegene Charakter dieser selbst erklärten Gegenelite sich erweisen.

3.3.8 Das Parteiprogramm von 2010

Ziel- und vorläufiger Endpunkt der Programm-Arbeit in der NPD war das Parteiprogramm von 2010. Seine Verabschiedung auf dem Bundesparteitag in Bamberg kann als letzter Erfolg Udo Voigts in seiner Amtszeit gelten. Die umfassende politisch-weltanschauliche Radikalisierung der NPD, ihre Ausrichtung an einem ethnisch-rassistischen Volksbegriff und ihre tendenzielle Nazifizierung kamen nun deutlich zum Ausdruck. Zugleich bemühte sich das Programm um die Korrektur des vergleichsweise unsozialen Bildes, das die überlieferte, an mittelständischen Interessen orientierte Programmatik der NPD bisher abgegeben hatte (vgl. Botsch und Kopke 2013). Im Zeichen der „nationalen Solidarität" verankerte die NPD damit jetzt auch im offiziellen Programm ihr Konzept einer radikalen Schließung gegenüber breiten Bevölkerungsgruppen, die dem „deutschen Volk" nach Auffassung der Partei nicht zugerechnet werden dürften. In den Kern der Programmatik rückte die NPD dabei den Begriff der Volksgemeinschaft, aus dem sie auch ihre staatspolitischen Vorstellungen und ihre Stellungnahme zur Demokratie ableitete. So heißt es in den „Grundgedanken", die das Programm einleiten: „Der Nationalstaat ist der notwendige politische Rahmen der Volksherrschaft..." (NPD-Parteiprogramm 2010, S. 5). Der dritte Abschnitt des Programms steht unter der Überschrift „Alle Staatsgewalt geht vom Volke aus". Hier wird die Verankerung des Demokratiebegriffs im Volksgemeinschaftsdenken klar formuliert: „Volksherrschaft setzt die Volksgemeinschaft voraus. Der Staat nimmt die Gesamtverantwortung für das Volksganze wahr und steht daher über den Gruppeninteressen" (NPD-Parteiprogramm 2010, S. 7).

Hatte die NPD sich bis 1990 programmatisch zum Grundgesetz bekannt – wenn auch unter Hinweis auf dessen Vorläufigkeit – und auch 1996 noch eine Absage ans Grundgesetz in ihrer Programmatik vermieden, so zog sie nun die Konsequenz aus den Attacken gegen die verfassungsmäßige Ordnung, durch welche die 2000er Jahre geprägt waren. Explizit und an zwei separaten Stellen wurde nun dem Grundgesetz die Legitimität abgesprochen:

Die Bundesrepublik Deutschland besitzt keine durch das Volk legitimierte Verfassung. Eine verfassungsgebende Nationalversammlung hat dem deutschen Volk einen
Verfassungsentwurf für ein souveränes Deutschland zur Abstimmung vorzulegen.
Diese Verfassung kann nur durch das Volks selbst geändert werden (NPD-Parteiprogramm 2010, S. 7).

Weil die Herrschenden dem eigenen Volk mißtrauen, verfügt die Bundesrepublik bis heute über keine demokratisch legitimierte Verfassung. Das Grundgesetz
beruht nicht auf dem Prinzip der Volkssouveränität, da das Volk darüber bis heute
nie abstimmen durfte. Auch Artikel 146 des Grundgesetztes besagt, daß die Verfas-
sungsgeschichte der Deutschen noch nicht ihr Ende gefunden hat. Das ‚Zwei plus
Vier'-Abkommen hat keine deutsche Souveränität hergestellt (NPD-Parteiprogramm
2010, S. 13).

Daran anknüpfend, stellt die NPD weitreichende, den verfassungsmäßigen Rahmen bewusst negierende – wenn nicht sprengende – Forderungen für eine „politische Neuordnung". Als deren „zentrale Eckpunkte" benennt sie neben der
„Festschreibung einklagbarer sozialer Grundrechte und der Grundpflichten"
besonders die „Direktwahl des mit mehr Machtbefugnissen ausgestatteten Präsidenten der Deutschen durch das Volk und die Stärkung der Gesetzgebung durch
Volksentscheide auf allen Ebenen. Dadurch wird die gemeinwohlschädigende
Dominanz der Parteien zurückgedrängt und das Volk in seinen Rechten gestärkt."
(NPD-Parteiprogramm 2010, S. 8). Dabei bleiben die Aussagen über Form und
Umfang plebiszitärer Beteiligungsverfahren erneut vage. Die NPD proklamiert,
bei „nationalen Lebensfragen" müsse der „Einfluß des Souveräns durch Volksentscheide auf allen politischen Ebenen gestärkt werden" (NPD-Parteiprogramm
2010, S. 7), ohne näher zu bestimmen, welche Fragen damit gemeint seien und
auf welche Art andere, weniger „lebenswichtige" Entscheidungen zu erreichen
seien. Positive Aussagen über die Rolle von politischen Parteien und gesellschaftlichen Interessenverbänden vermeidet das Programm. Neu ist dagegen der – wenn
auch eher beiläufige – Hinweis auf Defizite der politischen Partizipation und
Repräsentation im europäischen Rahmen. Der „politische[n] Klasse" unterstellt
die NPD, sie flüchte sich „in ein Europa, in dem keine demokratische Legitimation zur Herrschaftsausübung besteht" (NPD-Parteiprogramm 2010, S. 13). Dagegen fordert die NPD: „Das Selbstbestimmungsrecht des Volkes darf nicht durch
Rechtsetzungsakte überstaatlicher Organisationen wie der Europäischen Union,
der UNO oder der WTO ausgehöhlt werden" (NPD-Parteiprogramm 2010, S. 7).

   In Abschnitten über „Medienvielfalt und politische Neutralität" (Abschnitt 16e,
NPD-Parteiprogramm 2010, S. 17), die Reform des Rechtssystems und die Innere

Sicherheit (Abschnitte 17 und 18, NPD-Parteiprogramm 2010, S. 18 ff.) wieder-
holt die NPD ihre Vorwürfe an die „etablierten politischen Kräfte", sie hätten
mit ihrer „Beschneidung der Meinungs- und Versammlungsfreiheit für nationale
Deutsche [...] den Weg vom Rechtsstaat zum Gesinnungsstaat beschritten" (NPD-
Parteiprogramm 2010, S. 18). Sie behauptet oder suggeriert „Frage-, Rede- und
Denkverbote". Explizit fordert sie die Streichung der sogenannten Propaganda-
Paragrafen aus dem Strafgesetzbuch, also Paragraf 86: Verbreiten von Propagan-
damitteln verfassungswidriger Organisationen, Paragraf 86a: Verwenden von
Kennzeichen verfassungswidriger Organisationen und Paragraf 130: Volksverhet-
zung. Ebenfalls abgeschafft werden sollen die Verfassungsschutzbehörden. „Opfer
politischer Justiz" seien zu entschädigen (NPD-Parteiprogramm 2010, S. 18 f.).
Im Widerspruch zur proklamierten Redefreiheit steht indes die Forderung, der
„Ehrenschutz des deutschen Volkes" sei „wirksam zu gewährleisten" (NPD-
Parteiprogramm 2010, S. 18). Die Geltung der Grundrechte und die staatliche
Garantie von Sicherheit werden explizit nur für Deutsche eingefordert. Im Bereich
der „Inneren Sicherheit" betreibt die NPD den schwierigen Spagat zwischen dem
Leitbild eines starken, strafenden Staats und Forderungen nach Datenschutz und
informationeller Selbstbestimmung. Die entsprechenden Abschnitte und Forderungen können nur dann als Engagement für Bürgerrechte gewertet werden, wenn
man der NPD in ihrer Ausgrenzungslogik folgt und die Bürgerschaft Deutschlands
auf Deutsche im Sinne eines ethnisch-rassistischen Verständnisses eingrenzt.

Die Quintessenz der programmatischen Aussagen der NPD über Staat und
Demokratie fasst das Parteiprogramm so zusammen: „Die politische Organisationsform eines Volkes ist der Nationalstaat ... Im Mittelpunkt nationaler Ord-
nungspolitik steht das Volk ... Nationaldemokratische Politik sieht sich dem Wohl
eines jeden Volksangehörigen und der Gemeinschaft verpflichtet. Voraussetzung
dafür ist die grundsätzliche Einheit von Volk und Staat" (NPD-Parteiprogramm
2010, S. 6).

3.4 Zwischenergebnis

Ungeachtet des rechtsextremen Charakters der NPD ist ein positiver Bezug auf
„Demokratie" für die Partei weltanschaulich möglich und sowohl strategisch als
auch taktisch von einiger Bedeutung. Zugleich verbindet sie damit eine fundamentale Kritik der bestehenden Ordnung, die ihrer eigenen Identität als Teil der
nationalen Opposition, ja des „nationalen Widerstands" entspricht.

Programmgeschichtlich gehört der positive Bezug auf eine vermeintlich „wahre" Demokratie bei gleichzeitiger grundsätzlicher Kritik an der bundesdeutschen Verfassungsordnung und -wirklichkeit zu den ältesten Bestandteilen der Programmatik (vgl. Schmollinger 1986c; Hoffmann 1999). Bei allem Wandel im Detail blieben dabei Kernbestände bis heute unberührt. Bezugnahmen auf die Demokratie in den 2000er Jahren sind mithin bei der NPD nicht als Ausdruck „taktischer Zivilisierung" eines „modernisierten Rechtsextremismus" (Klärner 2006, 2008) zu werten. Sie sind aber auch nicht Teil einer „metapolitischen", „kulturrevolutionären Strategie", die auf „Umwertung der Werte" orientiert und aus dieser Perspektive den Demokratiebegriff neu entdeckt. Derartige Tendenzen hat Pfahl-Traughber am Beispiel verschiedener „intellektueller Rechtsextremisten" – darunter solche aus dem Umfeld der NPD – untersucht (Pfahl-Traughber 2004). Insgesamt bleibt für die NPD demgegenüber festzuhalten, dass ihr spezifischer Demokratiebezug tief in der Programmgeschichte der NPD – und damit in der Ideologie des bundesdeutschen Rechtsextremismus – verwurzelt ist.

Auch in der „Ära Voigt", die insgesamt durch eine politisch-weltanschauliche Radikalisierung, bis hin zur Nazifizierung geprägt blieb, hielt die NPD am positiven Bezug auf die Demokratie fest. Sie versuchte zudem, mit wachsender Intensität, den Begriff im Rückgriff auf eine radikalisierte völkische Weltanschauung, auf ihren ethnisch-rassistischen Volksbegriff zurück zu führen und für die eigene Ideologie zu vereinnahmen. So unterschied sie eine „wahre Demokratie" von einer angeblich liberalistisch verfälschten Demokratie, die sie auch als „Demoliberalismus" verballhornte. Gleichzeitig delegitimierte sie das Grundgesetz als Diktat der Siegermächte des Zweiten Weltkriegs und stellte eine neue Verfassung für das Deutsche Reich, dessen völkerrechtliche Fortexistenz sie behauptet, in Aussicht. Den Eliten in Deutschland warf sie vor, nicht im Interesse des deutschen Volkes zu handeln, sondern gemäß fremden Interessen. Deutlich verschwörungsmystisch unterlegt, stehen hier insbesondere die USA, Israel und ein vermeintliches Weltjudentum in Verdacht.

An der bundesdeutschen Verfassungswirklichkeit kritisierte die NPD

- den Pluralismus, den sie in Anlehnung an Carl Schmitt der „wahren" Demokratie schroff entgegenstellt (vgl. v. a. NPD-Parteivorstand o. J. b);
- die Auflösung des deutschen Volkes durch Einwanderung und Einbürgerung, womit die nötige ethnische Identität für eine Demokratie als Volksherrschaft verloren gegangen sei;

- den Einfluss der Parteien und Verbände bei einseitiger Parlamentszentrierung – wobei sie sich auf populäre Darstellungen etwa von Hans Herbert von Arnim oder Ute und Erwin K. Scheuch bezieht (NPD-Parteivorstand o. J. b);
- die „Gewaltenverschränkung", deren Ursachen wiederum einseitig bei den Parteien gesucht werden – ebenfalls im Rückgriff auf von Arnim;
- eine zu schwache Stellung des Bundespräsidenten und der Regierung gegenüber dem Parlament;
- das Fehlen plebiszitärer Elemente, die dem vermeintlich unverfälschten Volkswillen mehr Raum geben sollen – besonders in der Wahl der politischen Entscheidungsträger, aber auch in der Gesetzgebung;
- sowie das Fehlen handlungsfähiger kommunaler Selbstverwaltungsstrukturen.
- Kritik an der Aufgabe von Souveränität im Zuge der Europäisierung ist vorhanden, wird aber kaum mit Kritik an Partizipationsdefiziten auf europäischer Ebene verknüpft (NPD-Parteivorstand o. J. a, 2004).

Die von der NPD programmatisch vorgeschlagenen Veränderungen (NPD-Parteivorstand o. J. b, 2006b) treffen im Kern die Verfassungswirklichkeit der Bundesrepublik als pluralistische, Interessengegensätze anerkennende, staatsbürgerliche (nicht durch ethnische Abstammung definierte) Gesellschaft und als parlamentarisch-repräsentative Parteiendemokratie. Die NPD selbst nennt die von ihr gewünschte Gesellschaftsordnung eine „Volksgemeinschaft", die auf gemeinsamer Herkunft, Sprache und Kultur des deutschen Volkes beruht, organisch gegliedert ist nach (Berufs-)Stand und Leistung und in „nationaler Solidarität" unverschuldet in Not geratenen Volkszugehörigen Unterstützung gewährt (NPD-Parteiprogramm 1997, 2010; Politisches Lexikon 2008). Die angestrebte politische Ordnung nennt sie ein „plebiszitäres Präsidialsystem" (NPD-Parteivorstand 2006b, S. 32). Das Elektorat bleibt auf ethnisch definierte „Deutsche" beschränkt, unter Ausschluss bereits eingebürgerter Zuwanderer und anderer „Fremdvölkischer", insbesondere Juden (vgl. Kailitz 2007a, b).

Der volksgewählte – gegebenenfalls auch nur durch Akklamation oder gar passive Duldung legitimierte (vgl. Schwab 2002; Pfahl-Traughber 2003) – Präsident ernennt und entlässt die Regierung, welche keiner unmittelbaren parlamentarischen Verantwortlichkeit unterliegt. Dem Parlament kommen, unter deutlicher Beschneidung der Parteienprivilegien, nurmehr die Gesetzgebung und die Kontrolle der Regierung zu, wobei auch diese Funktionen, beispielsweise durch Stärkung plebiszitärer Elemente in der Gesetzgebung, eingeschränkt werden (NPD-Parteivorstand o. J. b). Parteien sollen zwar nicht verboten werden, doch deuten verschiedene Aussagen darauf hin, dass ein pluralistisches Parteienwesen nicht mehr existieren würde – insbesondere wenn die NPD fordert, dass nur „national gesinnte" Eliten das Recht haben sollen, politische Verantwortung zu übernehmen (z. B. Junge Freiheit 2004; Schwab 2002; hierzu: Pfahl-Traughber 2003).

Die politische Strategie der NPD (vgl. NPD-Parteivorstand 1999, 2002) ist mit Blick auf den demokratischen Verfassungsstaat durch eine doppelte Grundsatzentscheidung charakterisiert. Erstens will die NPD die Ziele eines radikalen völkischen Nationalismus verfolgen, indem sie als legale politische Partei auftritt, die geltendes Recht formal anerkennt, im öffentlich Raum agiert, sich an Wahlen beteiligt und nach Möglichkeit auch die parlamentarische Bühne nutzt. Dieser Legalitätskurs grenzt sie von jenen Gruppen, Kleinparteien, Zirkeln und „Denkfabriken" ab, die auf anderem Wege das „System" verändern wollen: im Untergrund, durch „gezielte Regelverletzungen" oder auch durch eine „kulturrevolutionäre Strategie der Umwertung aller Werte". Zweitens aber versteht sie sich als „nationale Opposition" im Sinne einer systemkritischen „Fundamentalopposition" und grenzt die NPD damit von allen Versuchen zur Etablierung einer parlamentarischen Kraft „rechts von der Union" ab.

Die viel zitierte, in der „Ära Voigt" verfolgte Drei-Säulen-Strategie (NPD-Parteivorstand 1999, 2002; vgl. Brandstetter 2006a, S. 109 ff., 2006b; Schulze 2009) ist dieser Grundentscheidung untergeordnet. Auf dieser nachgeordneten Ebene kündigt die NPD vor allem drei „Schlachten" an: die „Schlacht um die Straße", um die „Köpfe" und um die „Wähler" (respektive um die Parlamente). Diese drei „Schlachten" oder „Kämpfe" entsprechen den „Säulen" der Strategie. Allerdings wollte die NPD politische Macht weder durch eine Umsturz- und Staatsstreichstrategie auf der Straße gewinnen, noch durch eine „kulturrevolutionäre Metapolitik", die auf Veränderung in den Köpfen zielt. Ebenso wenig strebte sie eine legale Machtergreifung über die Parlamente an. Sie erwartete vielmehr fest den Zusammenbruch des gegenwärtigen „liberalistisch-multikulturalistisch-globalistischen Systems". Die politische Entfremdung des Volkes von den „etablierten Parteien", „Rassenkonflikte" und der Zusammenbruch des „global nomadisierenden", „jüdisch-kapitalistischen Finanzsystems" würden unvermeidlich in die Katastrophe führen (z. B. NPD-Parteivorstand 1999, S. 357, 2006a, S. 22 f., 32; Junge Freiheit 2004; vgl. auch Klärner 2008, S. 213 f.). In einem solchen „Crash"-Szenario müsse die Partei, so das Kalkül, als Kernstück der „Nationalen Bewegung" bereit stehen. Daher durfte sie weder ihre Existenz aufs Spiel setzen, noch sich in Kompromissen korrumpieren lassen.

Die auffallenden, immer wieder die politische Praxis der NPD belastenden Widersprüche zwischen „bürgerlicher Ansprache" und neo-nationalsozialistischer

Mobilisierung, zwischen „Intellektualisierung" der Rechten und „NS-Nostalgie" (so z. B. Willig 2008, vgl. Jesse 2003; Gesenharter und Pfeiffer 2004; Pfahl-Traughber 2004), zwischen der Demonstration bürgernaher Sachkompetenz in den Parlamenten und Obstruktion beziehungsweise Provokation (vgl. bes. Beier et al. 2006; ferner: Bündnis 90/Die Grünen Fraktion im Sächsischen Landtag 2006; Braune et al. 2007; Brech 2007; Buchstein und Fischer 2007; Hafeneger und Schönfelder 2007; Brodkorb und Schlotmann 2008; Niemann 2008) verlieren damit erheblich an Brisanz, wenn man sie vor dem Hintergrund der doppelten Grundsatzentscheidung der NPD betrachtet: Der Entscheidung, zugleich als legale Partei und als Fundamentalopposition aufzutreten. Bis zum Ende der Ära Voigt war es der NPD trotz aller internen Konflikte gelungen, ihren strategischen Spagat auszuhalten (vgl. Botsch und Kopke 2009) – unter anderem, indem sie gleichzeitig „wahre" Demokratie propagierte und die tatsächlich bestehende demokratische Grundordnung ablehnte.

In taktischer Hinsicht versuchte die NPD durch den Bezug auf demokratische Freiheiten Handlungsspielraum zu gewinnen und ihre politischen Gegner zu paralysieren, indem sie eine Ungleichbehandlung, Diskriminierung, ja Verfolgung der nationalen Opposition anprangerte und vorgab „das BRD-System" auf diesem Wege als „undemokratisch" entlarvt zu haben (z. B. NPD-Parteiprogramm 1997, 2010; NPD-Parteivorstand o. J. a; NPD-Parteipräsidium 2007). Sie kritisierte zentrale Elemente der „wehrhaften Demokratie", so das Instrument des Parteienverbots, die Fünf-Prozent-Hürde, die Verfassungsschutzbehörden und die „politischen" Tatbestände im Strafgesetzbuch, also v. a. die §§ 86, 86a, 130 (NPD-Parteiprogramm 2010). Heftig attackierte sie die juristische „Verfolgung" so genannter Holocaust-Leugner. Weitere Anhaltspunkte für „Verfolgung" sieht sie in Anordnungen der Ordnungsbehörden, Maßnahmen der Sicherheitsbehörden beispielsweise bei rechtsextremen Demonstrationen oder Konzertveranstaltungen, in der Aktivierung und Finanzierung zivilgesellschaftlicher Aktivitäten durch Bund, Länder und Gemeinden sowie in diesen zivilgesellschaftlichen Aktivitäten selbst (z. B. NPD-Parteivorstand o. J. a; NPD-Parteipräsidium 2007).

Die Kritik derartiger Instrumente, wie des Verfassungsschutzes, der Fünf-Prozent-Hürde oder des Parteienverbots, muss an sich ebenso wenig rechtsextrem und antidemokratisch sein, wie eine skeptische Haltung gegenüber staatlicher Repressionspolitik. Solche Kritik kann durchaus tiefer Sorge um die Entwicklung der Demokratie entspringen und ist legitim, unabhängig davon, ob beziehungsweise in welchem Maße man sie teilt. Für die NPD ist die genannte Argumentation aber vorrangig taktisch begründet. Dies zeigt sich schon an ihrer allgemeinen Stellungnahme zu Innen-, Sicherheits- und Kriminalitätspolitik

(NPD-Parteiprogramm 1997, 2010; NPD-Parteivorstand o. J. a, 2002, 2004; Voigt 2008), die sich mit der Rhetorik von Menschenrechten und Meinungsfreiheit nicht in Übereinstimmung bringen lässt. Die NPD zielt mit dieser Taktik vor allem auf den politischen Gegner. An einem Kernelement der Abwehr des Rechtsextremismus, der Gegenüberstellung von Demokratie und Demokratiefeindlichkeit, geht die Partei in die Offensive. Sie stellt sich selbst als Wahrerin der Meinungsvielfalt und die politischen Gegner als deren Feinde dar. Damit will sie den politischen Gegner in Argumentationsnot bringen. Zugleich zielt die NPD darauf ab, sich mit dem Argument der „Meinungsvielfalt" neue Foren zu erschließen. Dies gelingt ihr immer wieder dort widerspruchslos, wo die Prämissen dieser Taktik bei demokratischen Kräften nicht bekannt sind. Diese erschließen sich beispielsweise über ein Konzeptpapier des NPD-Parteivorstands zur „Wortergreifungsstrategie" (NPD-Parteivorstand 2008).

Taktisch dient ihr Demokratiebezug der NPD auch dazu, zentrale eigene, mit dem Nationalsozialismus verbundene Themen, Überzeugungen und Ziele zu normalisieren und als bloße „Meinungsäußerung" ins politische Feld zurück zu holen, indem sie deren gesellschaftliche Diskreditierung oder strafrechtliche Ächtung als Ausdruck einer „Meinungsdiktatur" darstellt (z. B. NPD-Parteiprogramm 1997). Indem sie ein angebliches „Denk- und Redeverbot" angreift, will sie die betreffenden Themen zur Sprache bringen, zugleich Schuldabwehr mobilisieren und erneut die bundesdeutsche Verfassungsordnung als undemokratisch brandmarken.

Das Verhältnis der NPD zur Demokratie ist komplexer, als es auf den ersten Blick scheint. Es lässt sich als eine Spielart dessen begreifen, was Ernst Fraenkel dem Phänomen des Vulgärdemokratismus zugeordnet und in einem Aufsatz von 1966 sogar als „eine nicht unwesentliche Komponente des deutschen national-demokratischen Denkens" seit dem 19. Jahrhundert charakterisiert hat (Fraenkel 2007, S. 290). Dieser Vulgärdemokratismus entspricht weder dem monarchistischen Legitimismus, der einen Teil der alten, vaterländischen Rechten in Deutschland geprägt hat, noch der antidemokratischen Diktaturverherrlichung, die für einen Teil der neuen Rechten seit der Weimarer Republik typisch ist. In seiner nationalistischen und rechtsextremen Ausprägung charakterisieren ihn die Feindschaft gegenüber einer pluralistischen, von Interessengegensätzen geprägten, widersprüchlichen modernen Gesellschaft und die Propagierung des Bildes einer homogenen, harmonischen und weithin widerspruchsfreien Gemeinschaft – eben der Volksgemeinschaft. Für deren Voraussetzung hält das vulgärdemokratische Denken von rechts die Identität zwischen Führern und Geführten und eine ethnische Homogenität des Volkes als Bezugspunkt der „Volksherrschaft". Ein autoritärer Führungs- und Elitegedanke grenzt dieses Bild von basis-, radikal- und direktdemokratischen Traditionen ab. Das explizit artikulierte Bekenntnis zum Prinzip der Ungleichheit – auch innerhalb der Volksgemeinschaft – unterscheidet es von sozialistischen Gesellschaftsmodellen.

Innerhalb des Lagers am rechten Rand des politischen Spektrums grenzt sich die NPD als fundamentaloppositionelle Weltanschauungspartei von Versuchen zur Etablierung einer parlamentarischen Kraft „rechts von der Union" ab. Solche Parteien sind tendenziell auf Mitwirkung innerhalb des parlamentarischen Systems orientiert, teils als „Regierung im Wartestand", teils als „politisches Korrektiv" – im Unterschied zur NPD, die beide Konzepte bewusst zurückweist. In der Vergangenheit waren dies etwa Versuche zur Unterwanderung bestehender Parteien wie der FDP, zur Sezession der CSU als Bundespartei von der CDU oder zur Neugründung nationalpopulistischer Rechtsparteien wie der Republikaner, Schill-Partei oder Pro-Bewegung und neuerdings der Alternative für Deutschland. Es mag an dieser Stelle sinnvoll sein – auch wenn damit der Untersuchungszeitraum überschritten wird – einen kurzen Blick auf die Demokratievorstellungen der Alternative für Deutschland (AfD) zu werfen (vgl. zusammenfassend zur AfD: Lewandowsky 2015; ferner: Bebnowski 2015; Häusler 2016). Die AfD unterscheidet sich von der NPD der Gegenwart nicht bloß durch ihr „bürgerliches" und weitaus moderateres Auftreten, ihre Abgrenzung vom historischen Nationalsozialismus und vom Antisemitismus. Diese nationalpopulistische Rechtspartei ist auch weit stärker als eine Sammlungspartei zu betrachten, die sehr unterschiedliche und diffuse ideologisch-weltanschauliche Strömungen zusammenfasst. Von Anfang an war sie darauf bedacht, sich als grundgesetzkonforme und prinzipiell demokratische Alternative darzustellen. Dabei sei es ihr Anliegen, der Demokratie in Deutschland überhaupt erst wieder zur Geltung zu verhelfen, da die „Altparteien" und etablierten Eliten im Verbund mit den Medien den Volkswillen systematisch verzerren würden.

Mit der Verabschiedung eines Grundsatzprogrammes auf dem Stuttgarter Programmparteitag vom 30. April und 1. Mai 2016 lassen sich Stellenwert und Gehalt der AfD-Demokratievorstellungen fixieren (AfD 2016; vgl. Botsch 2016c). Es zeigt sich, dass auch die AfD deutlich in der „nationaldemokratischen" Tradition eines Vulgärdemokratismus verankert ist, der seinerseits mit zentralen Elementen der repräsentativen, parlamentarischen Demokratie im Sinne des Grundgesetzes in Spannung steht. Wiederholt betont die Präambel des Programmes das Selbstverständnis der AfD als demokratische Partei, die auf dem Boden des Grundgesetzes stehe und der es vor allem um die Wiederherstellung der Demokratie gehe. Sie spricht mit Blick auf den gegenwärtigen Zustand der

Politik in der Bundesrepublik vom „Bruch von Recht und Gesetz, der Zerstörung des Rechtsstaats und verantwortungslosem politischen Handeln gegen die Prinzipien wirtschaftlicher Vernunft". Ihr Anliegen sei es angesichts dessen, „unser Land im Geist von Freiheit und Demokratie grundlegend zu erneuern und eben diesen Prinzipien wieder Geltung zu verschaffen". Dabei beruft sie sich auf die „Tradition der beiden Revolutionen von 1848 und 1989", bezeichnender Weise aber nicht auf die Revolution von 1918. Auch dem demokratischen Neuanfang nach 1945 wird im AfD-Grundsatzprogramm kein traditionsbildender Wert zugesprochen. Demokratie und Freiheit, so behauptet die AfD in der Präambel, stünden „auf dem Fundament gemeinsamer kultureller Werte und historischer Erinnerungen". Daher gelte es, den „Staat und seine Organe wieder in den Dienst der Bürger zu stellen, so wie es der im Grundgesetz geregelte Amtseid aller Regierungsmitglieder" vorsehe (AfD 2016, S. 6).

Dem ersten Kapitel ihres Grundsatzprogramms, „Demokratie und Grundwerte", misst die AfD offenbar große Bedeutung zu. Ihre Reformvorschläge richten sich teilweise – hierin die wirtschaftsliberalen und markttradikalen Ursprünge der AfD-Parteigründung reflektierend – auf die Rückführung des Staates auf seine „Kernaufgaben", die „Innere und äußere Sicherheit, Justiz, Auswärtige Beziehungen und Finanzverwaltung" (AfD 2016, S. 9). Ein wesentlicher Impuls zur Gründung der AfD bestand 2013 in der Ablehnung der europäischen Integration, des EURO und des Binnenmarktes. Ihre Diagnose eines nicht mehr demokratischen Charakters der Bundesrepublik setzt denn auch an der Europäisierung an: Durch die europäischen Vertragswerke – genannt werden Schengen 1985, Maastricht 1992 und Lissabon 2007 – habe sich „die unantastbare Volkssouveränität als Fiktion herausgestellt". Ideologisch nicht weit entfernt von der NPD zeigt sich die AfD in diesem Abschnitt dann, wenn sie die vermeintlich herrschenden Eliten einer Entfremdung, wenn nicht Überfremdung bezichtigt. Im Grundsatzprogramm der AfD kommt diese Weltsicht gut zum Ausdruck:

Heimlicher Souverän ist eine kleine, machtvolle politische Führungsgruppe innerhalb der Parteien. Sie hat die Fehlentwicklungen der letzten Jahrzehnte zu verantworten. Es hat sich eine politische Klasse von Berufspolitikern herausgebildet, deren vordringliches Interesse ihrer Macht, ihrem Status und ihrem materiellen Wohlergehen gilt. Es handelt sich um ein politisches Kartell, das die Schalthebel der staatlichen Macht, soweit diese nicht an die EU übertragen worden ist, die gesamte Bildung und große Teile der Versorgung der Bevölkerung mit politischen Informationen in Händen hat. Nur das Staatsvolk der Bundesrepublik Deutschland kann diesen illegitimen Zustand beenden (AfD 2016, S. 8).

Vor dem Hintergrund der vorangegangen Analysen zum Konzept der „wahren Demokratie" durch die NPD wäre es interessant, die konkreten Delegitimierungsstrategien gegenüber der bundesdeutschen Verfassungsordnung durch die Alternative für Deutschland, ihre Repräsentanten und ihr Umfeld genauer zu betrachten. Gewisse Parallelen zu den Positionen, die während der 1970er Jahre durch die Jungen Nationaldemokraten in die NPD getragen und in den 2000er Jahren erneut im nationalen Lager ventiliert wurden, wären besonders zu untersuchen. Dabei könnte von Interesse sein, ob und inwieweit derartige Delegitimierungsstrategien im Spektrum der AfD rezipiert worden sind. Einen gewissen Hinweis mag eine Rede über „Metapolitik und Parteipolitik" geben, die Thor von Waldstein am 20. Mai 2015 beim nationalkonservativen Institut für Staatspolitik in Schnellroda hielt.[10] Das Institut begleitete seit 2013 den Aufstiegsprozess der AfD und versuchte massiv, auf die neue Partei Einfluss zu nehmen. Der während der 1970er und frühen 1980er bei NPD und Jungen Nationaldemokraten politisch sozialisierte Redner knüpfte mit seinen Ausführungen direkt bei Erfahrungen aus den 1970er Jahren an, was einen Hinweis auf einen unmittelbaren Rückgriff auf derartige Motive geben könnte. Doch Kontinuitätslinien, Gemeinsamkeiten und Unterschiede bei der Delegitimierung der bestehenden demokratischen Ordnung können an dieser Stelle nicht untersucht werden.

Die konkreten Forderungen der Alternative für Deutschland mit Bezug auf die Reform der Demokratie zielen darauf ab, die unterstellten Kartellstrukturen zu zerschlagen. Gleichzeitig will sie plebiszitäre Elemente in der Verfassung erheblich stärken. In der Summe zielen die Vorschläge der AfD fast durchweg auf die Funktionen und die Funktionsfähigkeit des Parlaments und der Parteien. Sie will unter anderem „parteipolitische Netzwerke" beseitigen, die „über persönliche Beziehungen der Amts- und Funktionsträger die wechselseitige Machtkontrolle der Gewalten" – im Sinne der Gewaltenteilung, also Legislative, Exekutive und Judikative – „behindern oder aushöhlen" (AfD 2016, S. 10), Amt und Mandat trennen und damit die „Partiebuchwirtschaft" beenden (AfD 2016, S. 11). Ein ganzer Abschnitt trägt die Überschrift „Macht der Parteien beschränken":

Parteien sollen am politischen System mitwirken (Art. 21 Abs. 1 GG), es aber nicht beherrschen. Die Allmacht der Parteien und deren Ausbeutung des Staates gefährden unsere Demokratie. Diese Allmacht ist Ursache der verbreiteten Politikverdrossenheit und nicht zuletzt auch Wurzel der gesellschaftsschädigenden Politischen Korrektheit und des Meinungsdiktats in allen öffentlichen Diskursen. Nur direkt-demokratische Entscheidungen des Volkes können die Parteien wieder in das

---

[10]Siehe https://www.youtube.com/watch?v=iQSITNw3iDE (Abruf am 13. 06. 2016).

demokratische System integrieren. Die Abgeordneten unserer Parlamente haben ihre Funktion als Mandatare der Bürger verloren. Ihre Loyalität gilt zuerst der politischen Partei, der sie angehören. Von ihr erhalten sie ihre Wahlchancen und ihre Wahl sichert typischerweise ihren Lebensunterhalt. Mit dieser Abhängigkeit von der Partei geht die Entfremdung vom Wähler einher (AfD 2016).

Eine ganze Reihe konkreter Forderungen, die von der AfD aufgestellt werden, zielen auf die Funktionsfähigkeit der Parlamente und der Parteien ab. Dabei ist es für unseren Kontext nicht entscheidend, ob einzelne dieser Forderungen sinnvoll oder gar geboten seien mögen. Auffallend ist die grobe Einseitigkeit der politischen Systemkritik, die fast durchweg die Legislative und die Parteien betrifft. Zu den expliziten Forderungen des Programms gehören eine Begrenzung der Parteienfinanzierung – die AfD beruft sich dabei auf das Grundgesetz und die Rechtsprechung des Bundesverfassungsgerichts –, freie Listenwahl und freies Mandat sowie eine Anbindung der Zahl der Abgeordneten an die Wahlbeteiligung und insgesamt eine Verkleinerung des Deutschen Bundestags. Die geforderte Begrenzung der Amtszeit bezieht sich explizit auf Mandatsträger beziehungsweise Abgeordnete, nicht aber auf den Kanzler, die Ministerpräsidenten oder Fachminister. Ebenso werden Maßnahmen zur Eindämmung des Lobbyismus nur mit Bezug auf die Bundestagsabgeordneten eingefordert und setzen an den Nebentätigkeiten der Abgeordneten an. In diesem Programm findet sich kaum eine Forderung, die auf stärkere Kontrolle von Regierungs- oder Verwaltungshandeln zielt, ganz zu schweigen von Mechanismen zur Mitbestimmung etwa auf betrieblicher Ebene oder in anderen sozialen Kontexten.

Auch bei der AfD, wie bei der NPD, erweist sich die plebiszitäre Demokratie mit Volkswahl des Bundespräsidenten als zentrales Motiv. Eine Erweiterung der Kompetenzen oder sonstige Steigerung der Bedeutung des Bundespräsidenten-Amtes sieht das Programm indes nicht vor; damit unterscheidet es sich in einem wesentlichen Aspekt von dem plebiszitären Präsidialsystem, das die NPD beschwört. Volksabstimmungen „nach Schweizer Vorbild" stehen an erster Stelle. Dabei soll das Volk über parlamentarisch beschlossene Gesetze abstimmen, auch Gesetzesinitiativen mit eigenen Gesetzesvorlagen sollen möglich werden. Dies betrifft auch das Grundgesetz selbst: Grundsätzlich sollen Verfassungsänderungen von der Zustimmung des Volkes abhängig gemacht, außerparlamentarische Änderungsinitiativen ermöglicht werden. Auch der Abschluss „bedeutsamer" völkerrechtlicher Verträge, insbesondere die „Abgabe nationaler Souveränität an die EU und andere internationale Organisationen", soll zustimmungspflichtig werden. Dabei sollen Abstimmungsfragen finanzieller Natur ausdrücklich erlaubt werden. Die Einführung von Volksabstimmungen „nach Schweizer Vorbild" sei dabei für die AfD „nicht verhandelbarer Inhalt jeglicher Koalitionsvereinbarungen" (AfD 2016, S. 9).

Das Grundsatzprogramm der AfD lässt sich insgesamt und zusammenfassend als „reaktionär" charakterisieren (Botsch 2016c, S. 12; vgl. auch Wiegel 2016). Der Appell an den unmittelbaren Wählerwillen ist offenkundig von der Erwartung geprägt, dass sich Plebiszite in der Summe zugunsten jener „heiligen Säulen der Beharrung" (Dahrendorf 1968, S. 130) auswirken werden, mit denen sich die AfD politisch assoziiert. Ähnlich wie die NPD misstraut die AfD der Regierung weniger als den Parlamenten, der Verwaltung weniger als der Regierung, und am wenigsten der Justiz, sofern diese aus den vermeintlichen Fesseln der Parteienmacht befreit sei. Sie setzt implizit einen allgemeinen, mindestens mehrheitlich vorhandenen Volkswillen voraus, der sich durch direktdemokratische Verfahren verwirklichen lasse.

Immerhin – und hier unterscheidet die AfD sich grundlegend von der NPD – lässt sich nicht erkennen, dass sie das Motiv der organischen, ursprünglichen und auf gemeinsamer Abstammung basierenden Volksgemeinschaft programmatisch mobilisiert. Der Begriff der Volksgemeinschaft taucht im Parteiprogramm nicht auf. Wenngleich die pluralistische Struktur der modernen deutschen Gesellschaft wenig greifbar wird und die AfD an ihrer Stelle ein „differenziertes Menschenbild" (AfD 2016, S. 9) für sich in Anspruch nimmt, werden Interessengegensätze und -konflikte doch nicht durch die Beschwörung einer rassisch oder ethnisch begründeten volksgemeinschaftlichen Interessenidentität überdeckt. Ob und inwieweit die stärker im völkisch-identitären Milieu verankerten Strömungen der Partei auch solche Vorstellungen tradieren, ließe sich nur aus einer breiteren Analyse des programmatischen Materials der AfD erschließen.

Insofern vulgärdemokratisch geprägte Vorstellungen mit den Voraussetzungen moderner Gesellschaften nicht kompatibel sind, bergen sie das Risiko, durch Propagierung einer „wahren" Demokratie die realen Möglichkeiten politischer Partizipation in der Demokratie zu diskreditieren und auch ihre Weiterentwicklung zu blockieren. Gleichwohl dürfen nicht alle vulgärdemokratischen Äußerungen mit Demokratiefeindschaft verwechselt werden. Auch im Fall der AfD kann beim derzeitigen Stand der Debatte noch nicht eindeutig von Demokratiefeindschaft gesprochen werden.

Anders liegen die Dinge im Fall der NPD. Ihr Vulgärdemokratismus ist gerade die Form ihrer Demokratiefeindschaft – insofern ist die Partei zweifellos als rechtsextrem charakterisierbar. Indem sie die reale bundesdeutsche Demokratie diskreditiert und ihre eigenen, antipluralistischen Vorstellungen mit wahrer Demokratie identifiziert, greift sie die Grundlagen des modernen demokratischen Verfassungsstaates offensiv an.

Einstellungsstudien (z. B. Niedermayer und Stöss 2008) haben wiederholt gezeigt, dass die verbreitete Kritik an der politischen Verfassung Deutschlands sich nur zum kleineren Teil aus dem antidemokratischen Spektrum speist. Größere Bedeutung kommt demnach jenen „unzufriedenen Demokraten" zu, die zwar im Prinzip die Demokratie für die beste Staatsform halten, ihre Funktionsweise und die realen Möglichkeiten zur Partizipation dagegen für unzureichend. Solche unzufriedenen Demokraten gibt es keineswegs nur an den Rändern des politischen Spektrums, und eigentlich ist eine solche Unzufriedenheit für eine Demokratie, die sich weiterentwickeln will, durchaus ein positives Potenzial. Es steht allerdings zu befürchten, dass der nationalistische Vulgärdemokratismus, wie ihn die NPD propagiert, eine negative Wirkung entfaltet. Die NPD hat in den letzten Jahren gezielt versucht, ihre eigene politische Klientel als Stammwählerschaft zu halten und gleichzeitig bestimmte Segmente des Elektorats zu mobilisieren (vgl. NPD-Parteivorstand 2002). Sie spricht dabei hochgradig unzufriedene Kreise an, indem sie gezielt in die „abgehängten" Wählerschichten und Regionen hinein agitiert (vgl. Gansel 2006b, 2007; Schimmer 2006; vgl. Botsch 2009). Dabei spielt auch der Vulgärdemokratismus eine Rolle. Rechtsextreme Politik und Propaganda zeigt nicht nur dann Wirkung, wenn eine rechtsextreme Partei in ein Parlament einzieht oder eine rechtsextreme Subkultur einen Straßenzug zur „national befreiten Zone" erklärt hat. Vielmehr wirkt sie auf das politische Bewusstsein der gesamten Bevölkerung ein und kann dazu beitragen, die Leitbilder der pluralistischen Gesellschaft und des demokratischen Verfassungsstaats nachhaltig zu beschädigen.

„Volksgemeinschaft" als weltanschauliche Grundposition der extremen Rechten in der Bundesrepublik Deutschland

4

Eine historische Längsschnittuntersuchung

4.1 Einführung

In dem Anfang Juni 2010 verabschiedeten Parteiprogramm der NPD wird das deutsche Volk, von anderen Völkern unterschieden durch „Abstammung, Sprache, geschichtliche Erfahrungen und Wertvorstellungen", zur „Grundlage des Staates" erhoben. An prominenter Stelle wird der „Gegensatz von Gesellschaft und Volksgemeinschaft" postuliert:

> Westliche Gemeinschaften sind materielle Zweckverbände ohne Gemeinschaftswerte. Sie entwickeln keine verbindende Kultur. Sogenannte ‚multikulturelle' Gesellschaften sind in Wirklichkeit kulturlose Gesellschaftsformen (…) Die Solidarität einer bestehenden Volksgemeinschaft wird durch die übertriebene Vertretung von Einzel- oder Gruppeninteressen aufgehoben (NPD-Parteiprogramm 2010, S. 6).

Die „Individualisierung" in einer „mobilen Massengesellschaft" – so heißt es bereits 2006 in einem Kampagnenaufruf aus dem Umfeld der NPD – schaffe „atomisierte Einzelne, die nicht mehr Glieder eines organischen Ganzen, sondern nur noch Teile einer diffusen Menge" darstellen – ähnlich einer „Häckselmaschine, die organisch gewachsenes Holz in Späne zerkleinert, die dann unter starkem Druck zu unorganischen Spanplatten zusammengefügt werden". Das Bild lasse sich auch „auf Volksgemeinschaft und Massengesellschaft übertragen" (Antikap 2006, S. 4 f.).

Wenn die NPD und ihr rechtsextremes Umfeld das Volk zum „Maß aller Dinge" (Schwab 2002) machen und dem Konzept der Volksgemeinschaft wieder

© Springer Fachmedien Wiesbaden 2017
G. Botsch, *Wahre Demokratie und Volksgemeinschaft,* Edition
Rechtsextremismus, DOI 10.1007/978-3-658-14959-8_4

einen zentralen Stellenwert in der radikalnationalistischen Programmatik zuweisen (vgl. Botsch und Kopke 2013, S. 37 ff.; Brandstetter 2013, S. 270 ff.), knüpfen sie damit an alte Traditionsbestände an – insbesondere auch an solche, die eng mit Ideologie und Propaganda des Nationalsozialismus verbunden sind.

4.2   Gemeinschaft und Gesellschaft in der „deutschen Ideologie"

Der Gegensatz von Gemeinschaft und Gesellschaft wurde im 19. Jahrhundert in das politische Denken eingeführt. Er überlagert ein Grundproblem der modernen Gesellschaftslehre, die Dialektik von Staat und Gesellschaft, indem er ein anderes, dichotomisch aufgefasstes Gegensatzpaar schöpft. Zu unterscheiden ist die im engeren Sinne soziologische Debatte um die Reichweite der typologisch zu verstehenden Begriffe (vgl. Tönnies 2005; König 1955; Clausen und Schlüter 1991; Riedel 1992) von einer ideologisch aufgeladenen Affirmation der „Gemeinschaft" als Kampf- und Gegenbegriff gegen die abzulehnende „Gesellschaft"; doch schon bei Ferdinand von Tönnies ist das Motiv der Moderne- und Zivilisationskritik unübersehbar. Ab Mitte des 20. Jahrhunderts lässt sich festhalten, dass der Begriff Gemeinschaft „keine so bedeutende Rolle mehr wir früher" spiele und die Soziologie dieses „mehrdeutige und mit sozialethischen Wertvorstellungen beladene Wort" meide oder „zumindest nicht mehr als Substanz- oder Strukturbegriff" auffasse (Bernsdorf 1979, S. 278). Denn die Antithese Gemeinschaft-Gesellschaft, in der erstere für „organisch gewachsene Einheit, traditionale Bindung und Harmonie" stehe, Gesellschaft dagegen „mit abwertendem Beiklang für Ungleichheit, rationale Organisation und Kampf der Interessen", sei „noch immer der Ideologisierung ausgesetzt" geblieben und habe „kulturpessimistische Ideen und sozialromantische Bewegungen" begünstigt (Bernsdorf 1979, S. 279). Ralf Dahrendorf sah in Tönnies' Unterscheidung, schon auf Grund ihrer „schrecklichen Einfachheit", vor allem eine jener „mißlichen Dichotomien deutschen Denkens" (Dahrendorf 1968, S. 151), ein Element der antimodernen „deutsche Ideologie":

Daß eine urwüchsige menschliche Gemeinschaft durch eine künstliche Gesellschaft ersetzt zu werden droht, gehört zur Folklore deutschen sozialen Selbstbewußtseins; daß diese Entwicklung ärgerlich ist und aufgehalten, wenn nicht zurückgedreht werden sollte, gibt der philosophischen Interpretation der Welt den politischen Drang zu ihrer Veränderung (Dahrendorf 1968, S. 153).

Ernst Fraenkel sprach von der „Flucht aus der Realität der aufgespaltenen heterogenen Gesellschaft in das Traumland einer homogenen Gemeinschaft" (Fraenkel 2007, S. 290), die in politischer Hinsicht den Vulgärdemokratismus mit begründe. Dieser stelle „in seinem Kern die Säkularisierung des biblischen Topos vom paradiesischen Urzustand, dem Sündenfall und der Verheißung der Erlösung dar – von der Gemeinschaft der Freien und Gleichen in der Urzeit über die Gesellschaft der verfremdeten isolierten Individuen der Gegenwart zurück zu der durch Aufhebung der Entfremdung ermöglichten harmonisch-homogenen, automatisch-funktionierenden Gemeinschaftsordnung der Zukunft" (Fraenkel 2007, S. 289).

Neben einer „anarchistischen Vorstellung, der harmonische Urzustand der Menschheit sei durch die Errichtung des Staates zu Ende gekommen und könne lediglich durch dessen Beseitigung wiederhergestellt werden", sieht Fraenkel eine zweite Variante, die er auf Rousseau zurückführt. Hier wird die „Entstehung der Gesellschaft" für die Fehlentwicklung verantwortlich gemacht, welche nur durch die „Begründung (…) eines potentiell omnipotenten Staates beseitigt werden" könne (Fraenkel 2007, S. 289). Vermittelt über den „späten" Fichte, und indirekt über „die Urburschenschaftler und einige Achtundvierziger", bilde diese „Doktrin" eine „nicht unwesentliche Komponente des deutschen national-demokratischen Denkens" und habe sich als „Geist von 1914" seit Beginn des Ersten Weltkriegs „eruptiv Bahn" gebrochen (Fraenkel 2007, S. 290).

Im 20. Jahrhundert fielen „Gemeinschaftsgedanke und Volksgedanke (…) letztlich in eins zusammen" (Sontheimer 1968, S. 252) und wurden spätestens seit dem Beginn des Ersten Weltkriegs auf den Begriff „Volksgemeinschaft" gebracht (vgl. Bruendel 2003). Seine volle Wirkung entfaltete das Konzept, als das Deutsche Reich zur Republik geworden war, der gegenüber der radikale Nationalismus sich zur systemilloyalen Fundamentalopposition formierte. Damit schloss die nationale Opposition eine legitimatorische Lücke: Der Volksgemeinschaftsbegriff erlaubte es, die Republik – in scharfer Abgrenzung zum „internationalistischen Marxismus" und zum „Bolschewismus" – gerade unter Berufung auf die ‚eigentlichen' Interessen des Volkes zu bekämpfen und gleichzeitig die Vision einer nationalen Wiedergeburt in Einigkeit und Geschlossenheit heraufzubeschwören. Obgleich das Wort von der Volksgemeinschaft während der Weimarer Jahre in nahezu allen politischen Lagern intensiv aufgegriffen worden ist (vgl. Wildt 2009; Retterath 2016), darf doch sein spezifisch nationaloppositioneller Gehalt nicht übersehen werden. Von anderen Verwendungszusammenhängen setzt sich dieses rechtsextreme Volksgemeinschaftskonzept in dreierlei Hinsicht ab: Erstens durch die Überhöhung eines Volkes, das in erster Linie und substanziell als Abstammungsgemeinschaft konzipiert wird; zweitens durch die antirepublikanische Stoßrichtung, die in der engen Verbindung des Gemeinschaftsgedankens mit dem Prinzip der Führung und Gefolgschaft zu erkennen ist und auf eine autoritäre politische Ordnung zielt; schließlich drittens durch eine Feindbestimmung, der zu Folge Gemeinschaft nicht so sehr durch anonyme Prozesse der Modernisierung gefährdet schien, als durch das perfide Wirken machtvoller Feindgruppen im Innern und Äußeren, unter denen besonders die „Juden" einen zentralen Stellenwert zugewiesen bekamen.

Nachdem die Nationalsozialisten an die Macht gelangt waren, suggerierten sie, dass ihr Ziel in der Verwirklichung der Volksgemeinschaft bestehe. Demnach besagt der „Begriff Volksgemeinschaft", dass die „Angehörigen eines Volkes von *Natur* aus in Gemeinschaft *verbunden* sind und sich in allen Dingen des Lebens als *in Gemeinschaft verbunden* – als Glieder einer *Volksgemeinschaft* zu fühlen haben" (Reinhardt 1938, S. 2). Der Verfasser dieses Zitats, der nationalsozialistische Staatssekretär im Reichsfinanzministerium Fritz Reinhardt, fährt fort, Volksgemeinschaft sei die Voraussetzung für die Behauptung der Nation im Daseinskampf und darüber hinaus auch die „*natürliche* Voraussetzung für das Sein der Volks*ganzheit* und mittelbar schließlich jedes *Einzelnen*" (Reinhardt 1938, S. 2). Dieses Postulat, das in ähnlichen Formulierungen vielfach wiederholt wurde, beinhaltete auch die Aussage, dass Juden nicht Mitglied der Volksgemeinschaft seien könnte. Maßnahmen zur radikalen Exklusion der Juden und weiterer Bevölkerungsgruppen, sozial- sowie gesundheitspolitische Interventionen legitimierte das Regime regelmäßig durch die Bedürfnisse der Volksgemeinschaft, sodass der Begriff einen zentralen Stellenwert in der Ideologie und Propaganda erhielt.[1]

Nach dem Untergang des nationalsozialistischen Regimes blieb in Teilen der deutschen Bevölkerung ein verklärter Blick auf die nationalsozialistische Zeit lebendig (vgl. Frei 2005; Thießen 2009). In der Bundesrepublik Deutschland

---

[1]Indes scheint es mir nicht sinnvoll, die *empirisch vorfindbare soziale Ordnung* im nationalsozialistischen Deutschland mit dem Konzept der Volksgemeinschaft zu analysieren, wie ein Teil der neueren Forschung vorschlägt (vgl. Aly 2006; Bajohr und Wildt 2009). Auch in den 1930/1940er Jahren war die deutsche Gesellschaft keine homogene, widerspruchsfreie, organisch gewachsene und gegliederte Gemeinschaft, sondern im Gegenteil eine durch exzessive Gewalt geprägte, einem „Elitenbündnis" unterworfene „atomisierte Gesellschaft" (Neumann 1998). Wenn Wildt *für* den analytischen Gehalt des Volksgemeinschaftsbegriffs ins Feld führt, dass dieses „Konzept politischer Geschichte (…) nicht mehr Staat gegen Gesellschaft ausspielt" (2011, S. 6; zur Kritik auch Kershaw 2011), so beruft er sich (in kritischer Absicht) genau auf jenes Versprechen des Gemeinschaftskonzepts, das die moderne Soziologie und Politikwissenschaft gerade wegen seines ideologischen Gehalts als „unkritisch" zurückgewiesen hat.

war es insbesondere die fundamentaloppositionelle extreme Rechte, die den Begriff „Volksgemeinschaft" positiv aufgriff und in ihre politische Programmatik einbaute. Die folgende Längsschnittanalyse skizziert anhand programmatischer Aussagen verschiedener rechtsextremer Akteure – insbesondere Parteien, Aktionsgruppen und Jugendverbände –, wie dieses Motiv während der einzelnen Phasen in der Entwicklung des Rechtsextremismus verwendet wurde. Volksgemeinschaftsdenken erweist sich dabei, im Sinne Schwagerls (1993), als weltanschauliche „Grundposition" des nationalen Lagers.

4.3 Volksgemeinschaft und nationale Opposition in der Bundesrepublik

4.3.1 Der Volksgemeinschaftsgedanke in der frühen Bundesrepublik (1949–1969)

Die bei ihrer Gründung 1950 ursprünglich national-konservativ ausgerichtete Deutsche Reichspartei (DRP) nahm besonders nach dem Zustrom von früheren Anhängern der 1952 verbotenen Sozialistischen Reichspartei (SRP) und in ihrer bis 1961 andauernden nationalneutralistischen Phase Elemente volksgemeinschaftlichen Denkens in ihre Programmatik und Ideologie auf (vgl. Schmollinger 1986b, S. 1126; Sowinski 1998, S. 306 ff.). Im Parteiorgan *Der Reichsruf* konnte man 1955 „Zehn Gebote deutscher Erneuerung" lesen, deren achtes lautete: „Sei deutscher Sozialist, am Arbeitsplatz Kamerad als Arbeitnehmer und Arbeitgeber. Klassenkampf dient den Feinden Deutschlands. Bekenne Dich zur Volksgemeinschaft – nur innere Einheit macht uns frei!" (zitiert nach Flechtheim 1963, S. 471). Das Parteiprogramm von 1958 proklamierte die Erringung der „Volksgemeinschaft der Zukunft":

Das deutsche Volk, reich gegliedert in seinen Familien, Stämmen und Landsmannschaften, Berufs- und Betriebsgemeinschaften, kann sich unter den Völkern nur als eine festgefügte Gemeinschaft behaupten. Dienst an der Gemeinschaft und Selbstzucht in der Volksgemeinschaft sollen unser Zusammenleben beherrschen. Ansprüche des einzelnen und Macht der Gruppen sind dort zu beschränken, wo sie das Ganze gefährden. Der Wert des einzelnen ergibt sich aus seiner Haltung und Leistung in der Gemeinschaft. Diese sind das Maß für die Rangordnung im Volk (…) Das ist unser Sozialismus: Dienst an der Gemeinschaft, nicht Forderung an die Gemeinschaft. Einer für alle, alle für einen! (zitiert nach Flechtheim 1963, S. 473 f.).

Der vor allem im fränkischen Raum mit der DRP konkurrierende Deutsche Block (DB) orientierte sich an einer völkisch-rassistischen Ideologie und Programmatik, die vom Ideal einer „sozialorganischen Gesellschaft", eines „parteilosen Volksstaats" unter Einschluss nachbarschaftlicher Elemente ausging (vgl. Schmollinger 1986a, S. 822 ff.).

Die 1949 gegründete Sozialistische Reichspartei gab vor, sie strebe „einen echten ‚Deutschen Sozialismus' an, der jenseits von Liberalismus und Marxismus das Wohl der Volksgemeinschaft zum Ziele habe" (Schmollinger 1986d, S. 2279), und stellte klar: *„Der deutsche Sozialismus.* Dieser Begriff ist bei allen Diskussionen und in der Definition stets mit dem Wort Volksgemeinschaft zu übersetzen" (zitiert nach Schmollinger 1986d, S. 2283 – Hervorhebung i. O.). Ähnlich wie bei der DRP, war der „betriebsgemeinschaftliche" Aspekt, der vor allem durch Gewinnbeteiligung der Arbeitnehmer realisiert werden sollte, als zentrales Instrument zur Herstellung der Volksgemeinschaft vorgesehen, während gleichzeitig eine starke Führung und ein autoritärer Staatsaufbau vor den Gefahren der Desintegration schützen sollten. Gewerkschaften galten als Ausdruck des Klassenkampfs, der für die SRP das „feindliche Sozialprinzip schlechthin" verkörperte (Furth 1957, S. 233). Ein wichtiges Element des SRP-Gemeinschaftsbegriffs war der „Personalismus", die Betonung der Rolle der „Persönlichkeit", die einerseits gegenüber der „Masse", andererseits gegenüber dem „Individuum" hervorgehoben wurde, im politischen Rahmen ihre Entsprechung in der Forderung nach „Führung" und „Gefolgschaft" und im sozialen in der Forderung nach dienender Einordnung in das Volksganze fand. Otto Ernst Remer, der prominente Volksredner der SRP (vgl. Buschke 2003; Fröhlich 2006), erklärte: „Unser Prinzip lautet nicht Ich, sondern Wir!" (zitiert nach Furth 1957, S. 253). Was die Sozialistische Reichspartei unter ihrem „Reichs"- oder „Volkssozialismus" verstand, fasste sie prägnant in ihrem Aktionsprogramm von 1949 zusammen: „Die SRP bekennt sich zu einem echten, aus dem Geist unserer Zeit erwachsenen Volkssozialismus aller Deutschen. Sie versteht darunter vornehmlich den Grundsatz der sittlichen Bindung und Einordnung des einzelnen in die Gemeinschaft" (zitiert nach Flechtheim 1963, S. 491).

Die 1955 gegründete Deutsch-Soziale Union (DSU) war schon durch ihren Gründer, den nationalsozialistischen Hitler-Gegner Otto Strasser (vgl. Heiler 2009), auf einen „Deutschen Sozialismus" festgelegt, der bei der DSU nach Richard Stöss vier Elemente umfasste: den Solidarismus, den Volksgemeinschaftsgedanken im engeren Sinne, die völkische Wiedergeburt und die nationale Freiheit (vgl. Stöss 1986c, S. 1255 ff.). Im Solidarismus trat das Motiv der „Beseitigung des arbeitslosen Einkommens" hinzu, das sich auf die Freigeldlehre

Silvio Gesells und – zumindest implizit – auf den von Gesell beeinflussten anti-
semitischen Propagandisten der „Brechung der Zinsknechtschaft" und NSDAP-
Programmatiker Gottfried Feder berief. Deutscher Sozialismus ist bei Strasser
das „ökonomische Synonym für den politischen Begriff ‚Volksgemeinschaft'"
(Stöss 1986c, S. 1256). In politischer Hinsicht bedeutete Volksgemeinschaft für
die Strasseristen eine „aristokratische Demokratie der Berufe und Stände" (Stöss
1986c, S. 1256). Gerade weil die volksgemeinschaftlichen Ideale im NS nicht
als verwirklicht galten, leisteten sie für die post- und neofaschistische politische
Rechte ein bedeutendes Zukunftsversprechen:

> Deutscher Sozialismus und aristokratischer Ständestaat wollen als innere Einheit
> verstanden werden. Beiden ist gemein, daß sie von der Behauptung einer im Grunde
> harmonischen Gesellschaft ausgehen, welche die ihr adäquaten politischen und öko-
> nomischen Verkehrsformen noch nicht gefunden habe. Der ‚Materialismus-Libera-
> lismus' zerstört, so Strasser, die Harmonie; Deutscher Sozialismus und Ständestaat
> stellen sie her (Stöss 1986c, S. 1257).

Einen Teil des ideologischen Erbes der DSU nahm die 1962 gegründete Unabhängige Arbeiterpartei (UAP) auf. In einem „gerechten Sozialismus" sollten
„Kollektivismus wie Individualismus ganzheitlich-monistisch aufgehoben" werden (Stöss 1986d, S. 2341 f.); ein zentrales Element auf diesem Wege war die
„Vergesellschaftung aller staatlichen und privaten Großunternehmen", wobei die
Verwaltung in die „Hände der Belegschaftsmitglieder" übergehen sollte (zitiert
nach Stöss 1986d, S. 2343). Ein Alleinstellungsmerkmal der UAP im nationalop-
positionellen Lager war die Forderung nach gewerkschaftlicher Kontrolle. Das
Parteiprogramm von 1968 postulierte „eine Wirtschafts- und Gesellschaftsord-
nung, die sich auf Leistung und Gerechtigkeit aufbaut" (zitiert nach Stöss 1986d,
S. 2343), ergänzt um die auch ansonsten im „Deutschen Sozialismus" übliche
Absage an Klassenkampf und Kapitalismus.

Eine weitere frühe rechtsextreme Parteigründung nahm das Volksgemein-
schafts-Versprechen sogar in ihren Namen auf und nannte sich Deutsche Gemeinschaft (DG). Für diese Partei waren „Nationalismus und Volksgemeinschaft
identisch" (Stöss 1980, S. 123). In wirtschafts- und sozialpolitischer Hinsicht
propagierte die DG das „betriebspartnerschaftliche und antigewerkschaftliche
Konzept des ‚Mitunternehmertums'" (Stöss 1986b, S. 885). Der parlamentaris-
musskeptische und antipluralistische Furor der DG richtete sich gegen die Interessenverbände – vor allem die Gewerkschaften – und gegen die Parteien, wurde
geradezu zum „Parteien-Haß". Diese wurden „gleichermaßen als Feinde des Volkes und als Feinde der nationalen Einheit verteufelt" (Stöss 1980, S. 123). Die

DG „huldigte dem ‚Personalprinzip' und bekämpfte das ‚Kollegialprinzip'",
„verabscheute vermeintlich ‚anonyme' Kollegialorgane, Bürokratien und Kol-
lektivismus" und beabsichtigte, sie durch „eine ‚verantwortliche' sachkundige
Führung zu ersetzen". Auch ihre politischen Ordnungsvorstellungen waren vom
„Streben nach Überwindung von Gruppeninteressen oder gesellschaftlichen
Egoismen geprägt" (Stöss 1980, S. 121). Innerhalb eines starken Nationalstaa-
tes wollte die Deutsche Gemeinschaft plebiszitäre und subsidiäre Formen der
Demokratie stärken, aber nie im Sinne der Artikulation von Gruppeninteressen.
Als die DG sich 1965 mit anderen neutralistischen Splittergruppen zur Aktions-
gemeinschaft Unabhängiger Deutscher (AUD) zusammenschloss, näherte sie sich
Teilen der Außerparlamentarischen Opposition an, ging zunehmend auf Distanz
zu völkisch-rassistischen und biologistischen Argumentationen und nahm den
Protest der Ökologiebewegung in ihrer Forderung nach „Lebensschutz" vorweg.
Im Laufe der 1970er Jahre mündete die von der AUD repräsentierte Strömung zu
großen Teilen in den Parteigründungsprozess der „Grünen" ein. Insofern kommt
dem Gemeinschaftskonzept der DG auch in wirkungsgeschichtlicher Hinsicht
eine gewisse Bedeutung zu, da es eine der Wurzeln für die Parlamentarismuskri-
tik in der Ökologiebewegung und in der Frühphase der Partei Die Grünen darstellt.

Die 1964 gegründete Nationaldemokratische Partei Deutschlands vermied in
den 1960er-Jahren weithin das Bekenntnis zu einem „Deutschen Sozialismus"
(vgl. Kühnl et al. 1969, S. 104). In ihrem „Manifest" von 1964 heißt es:

> Deutschland braucht eine Staats- und Gesellschaftsordnung, die zwischen der natür-
> lichen Autorität einer echten Demokratie und der persönlichen Entscheidungsfrei-
> heit des Staatsbürgers den Gemeinsinn schafft, der in sozialer Gerechtigkeit JEDEM
> DAS SEINE gibt (...) Nicht hemmungsloser Materialismus, sondern Anerkennung
> und Entgelt nach Leistung, Schutz des Eigentums und Garantie eines Arbeitsplatzes
> müssen die Grundsätze einer gesunden Wirtschafts- und Sozialordnung sein (NPD
> 1964 – Großschreibung i. O.).

Der NPD-„Chefideologe" Ernst Anrich führte aus:

> *Die Gemeinschaft ist vor dem Einzelnen da (...) Die konkreten Gemeinschaften,*
> *aus denen der einzelne Mensch lebt, aus denen und in denen er sich zur Erfüllung*
> *seines eigenen individuellen Lebens entfalten kann, sind die Völker (...) Ein Volk*
> ist nicht die Menge und auch nicht die Summe der jeweils augenblicklich lebenden
> Menschen gleicher Sprache, gleichen Stils, gleichen Raums, auch nicht die Summe
> der Generationen – denn ohne die Stil- und Sprachkraft, ohne die Artkraft des dem
> Volke zugrunde liegenden Volkstums (...) wäre diese augenblicklich lebende Menge
> gleicher Sprache nicht (...) Der Staat ist höher als der Mensch und als die Menge

der augenblicks lebenden Menschen; (...) er vertritt das Ganze des Volkes (zitiert nach Maier und Bott 1969, S. 88 ff. – Hervorhebung i. O.).

Das erste NPD-Parteiprogramm von 1967 knüpfte an Anrichs Plädoyer für einen autoritären Staat an, dem es die Aufgabe zuwies, „über den Gruppeninteressen der Wahrer des Volksganzen" zu sein: „In der großen Gemeinschaft verbindet er die kleinen Gemeinschaften und gesellschaftlichen Gruppen. So schafft er Geborgenheit und erfüllt das Leben des einzelnen mit Sinn und Wert" (zitiert nach Maier und Bott 1969, S. 66). Die wirtschafts- und sozialpolitischen Konzepte der frühen NPD orientierten sich an mittelständischen und agrarischen Gruppeninteressen, die ideologisch mit den Erfordernissen des Volkswohls identifiziert wurden, und affirmierten die Familie als „Lebenszelle von Volk und Staat". Diese bewahre „den einzelnen vor der Vereinsamung in der Masse und gewährt ihm sittlichen Halt und innere Sicherheit (...) Ohne gesunde Familien – kein gesundes Volk" (zitiert nach Maier und Bott 1968, S. 83).

Gemeinschaftsdenken prägte auch die nationalistischen Jugendverbände der 1950er und 1960er Jahre (vgl. Botsch 2014). Der weltanschaulich besonders radikale völkische Jugendbund „Gefährtenschaft" formulierte in seinen „Asendorfer Beschlüssen" aus dem Jahr 1953, die quasi seine programmatische Plattform darstellen:

Wir bekunden den Glauben an den inneren Zusammenhalt des deutschen Volkes. Gerade unser Volk hat es nötig, dass seine Jugend an die Unlöslichkeit seines inneren Zusammenhanges glaubt. Wir wissen, dass die Zusammengehörigkeit immer wieder neu in's Bewusstsein gerufen werden muss. (...) Es bedeutet für den Bund (...) die Wendung an den jungen Menschen deutscher Eltern. Es gilt, seinem bewussten Zugehörigkeitswollen zu seinem Volk, seiner Entwicklungsstufe gemäss, zu entsprechen (...): erst gesunde Zellen bilden einen gesunden Organismus.[2]

Die Leitworte der 1952 gegründeten Wiking Jugend beinhalten das Bekenntnis: „Du lebst in der Gemeinschaft der Deutschen. Sei stolz auf Dein Volk" (Wiking Jugend o. D., S. 2). Die Wiking Jugend setzte, wie ihr Bundesführer Wolfgang Nahrath ausführte, „dem Bekenntnis des Materialismus ‚im Mittelpunkt steht der Mensch' ihr Bekenntnis zum Gedanken ‚im Mittelpunkt steht die Gemeinschaft' eindeutig entgegen" (zitiert nach Dudek und Jaschke 1984, Bd. 2, S. 244).

---

[2]Zitiert aus dem Manuskript „Ergebnis der Aufbaurunde Ostern 1953 (JH Asendorf)", in: Archiv der deutschen Jugendbewegung – Burg Ludwigstein, A 223/4, unpaginiert; zur Gefährtenschaft vgl. Botsch (2016d).

Ähnlich argumentierte der Bund Vaterländischer Jugend, der postulierte, „national" könnten nur jene Menschen sein, die die „Bindung zur eigenen Heimat und lebendigen Natur in sich tragen und daraus die Charakterwerte von Pflichterfüllung, Ehre, Treue, entwickeln." Das „Ich" habe sich dem „Wir" unterzuordnen (zitiert nach Dudek und Jaschke 1984, Bd. 2, S. 255 f.). Der Kameradschaftsring nationaler Jugendverbände (KNJ), ein Dachverband rechtsextremer Jugendorganisationen, bekannte sich in den „Grundsätzen der nationalen Jugend" 1959 ebenfalls zu gemeinschaftsorientiertem Gedankengut (vgl. Dudek und Jaschke 1984, Bd. 2, S. 237), und der Bund Nationaler Studenten (BNS) hielt in seinem Programm fest:

> Die Einheit des deutschen Volkes muß nicht nur eine staatliche, sondern auch eine soziale sein. Klassenkampf und Zersplitterung in Interessengruppen stören den sozialen Frieden und schwächen Deutschland. *Gegen Egoismus und Verantwortungslosigkeit stellen wir die Verpflichtung gegenüber der Gemeinschaft* (zitiert nach Dudek und Jaschke 1984, Bd. 2, S. 196 – Hervorhebung i. O.).

Der Überblick über die Parteien und politischen Organisationen der nationalen Opposition in der Formierungsphase seit 1949 verdeutlicht, dass sie alle in unterschiedlich starker Form volksgemeinschaftliche Vorstellungen mobilisierten. Teils wurde Kritik am nationalsozialistischen Regime artikuliert und der Hitler-Bewegung Verrat am Ideal der Volksgemeinschaft vorgeworfen – für die DSU, weil sie zu wenig „Deutschen Sozialismus" verwirklicht habe, für die nationalkonservativen Kräfte, weil an die Stelle der gegliederten Gemeinschaft ein gleichmacherischer Kollektivismus getreten sei. Zu einem anderen, wohl bedeutenderen Teil konnte mit der Mobilisierung des Volksgemeinschaftsmotivs in affirmativer Weise des Nationalsozialismus gedacht werden, der – meist implizit, manchmal explizit – als Gegenbild zur bundesrepublikanischen Wirklichkeit erschien.

4.3.2 Der Volksgemeinschaftsgedanke in der Übergangsphase (1970–1989)

In den 1970er Jahren durchlief die NPD im Zuge intensiver programmatischer Diskussionen eine „Sozialismusdebatte" (vgl. Schmollinger 1986c, S. 1939 ff.; Hoffmann 1999, S. 320 ff.). Die Jungen Nationaldemokraten (JN), die dynamische Jugendorganisation der Partei, trieben die älteren, konservativ orientierten Parteikräfte vor sich her. In ihren Thesenpapieren gingen die Jungen Nationaldemokraten von einer „Dritten Position" aus, die volksgemeinschaftlich orientiert war, und konnten der Mutterpartei den Begriff eines „Deutschen Sozialismus" aufdrängen. Auf dem Höhepunkt der Debatte bekannte selbst der Parteivorsitzende Martin Mußgnug: „Sozialismus ist nichts anderes als die gerechte Ordnung einer Gemeinschaft" (zitiert nach Hoffmann 1999, S. 325). Das NPD-Europaprogramm von 1978 trug den Titel „Für ein Europa der Volksgemeinschaften" (vgl. Schmollinger 1986c, S. 1943). Nationaldemokratie galt als „Verwirklichung der Einheit von Volk und Nation in freier Selbstbestimmung". Wenn die NPD postulierte, die „Vielschichtigkeit und Vielgestaltigkeit eines Volkes" sei „kein zu bekämpfendes Übel, sondern eine notwendige Funktion der Gemeinschaftsordnung", so bedeutete dies keine Anerkennung legitimer Interessengegensätze im Sinne einer pluralistischen Demokratie, sondern die Forderung nach dem Schutz vermeintlich natürlicher und organisch gewachsener Ungleichheit vor „Klassenkampf und Gleichmacherei", die „*Eingliederung* jedes einzelnen Volksangehörigen unter Berücksichtigung seiner Veranlagung, seines Könnens und seiner Leistungsfähigkeit" (NPD 1979, o. S. – Hervorhebungen i. O.). Bemühte die NPD sich auch, sich vom historischen Nationalsozialismus abzusetzen, drang dessen nostalgische Verklärung doch immer wieder durch. Karl-Heinz Vorsatz, Vorsitzender des Bremischen Landesverbands und Mitglied im Bundesvorstand (vgl. Hoffmann 1999, S. 84) sprach beispielsweise in seinen „Briefen für eine neue Ordnung" mit Bezug auf seine Generation von „uns, die wir schon (…) im Nationalsozialismus aufgewachsen waren und schon jahrelang in der Deutschen Kinderschar und im Deutschen Jungvolk sangen: ‚Wir sind nicht Bürger, Bauer, Arbeitsmann, haut die Schranken doch zusammen, Kameraden!'" (Vorsatz 1978, S. 2). Er bezog sich damit auf das NS-Propagandalied „Ein junges Volk steht auf", welches neben dem Gebrauch in der Hitler-Jugend vor allem im Rahmen des Reichsarbeitsdienstes Verwendung fand, weil es den volksgemeinschaftlichen Anspruch des Nationalsozialismus zum Ausdruck brachte (vgl. Hartung 1983, S. 227 ff.; Reisinger o. J.).

Vermittelt über die Jungen Nationaldemokraten, wirkte das Gedankengut der Neuen Rechten auf die NPD ein. Diese Richtung im deutschen Rechtsextremismus zerfiel wiederum in zwei Flügel: Die Nationalrevolutionäre bezogen sich auf einen „Deutschen Sozialismus", während ein kleinerer Flügel diesen Begriff zurückwies und sich als „Solidaristische Volksbewegung" konstituierte. Letzterer rezipierte in stärkerem Maße die nationalsozialistischen Ordnungsmodelle für Wirtschaft und Gesellschaft, von denen sich erstere eher absetzen wollten (vgl. Bartsch 1975, S. 154 ff.; Feit 1987, S. 50 ff., 116 ff.). Einen politischen Ansatzpunkt erkannten die Solidaristen in der beginnenden Ökologiebewegung, der „Lebensschutzbewegung mit ihrem Drang, Volk und Land heilen zu wollen". In ihr entwickle sich der Ansatz für „Volkssolidarität", denn nicht der „Arbeiter-kampf", sondern „der Kampf des ganzen Volkes ist Ausdruck dieser Gegenbewe-gung" (zitiert nach Schönekäs 1990, S. 258).

In den 1980er Jahren traten zwei politische Organisationen hinzu, die neben der NPD um rechtsextreme Wählerstimmen warben, die Deutsche Volksunion – Liste D und die Partei Die Republikaner (REP). Die DVU kann hier vernach-lässigt werden, da sie weltanschaulich der damaligen NPD sehr ähnlich war (vgl. Linke 1994, S. 66 ff.). Demgegenüber haben die REP von allen rechts-extremen Parteien der Nachkriegszeit am wenigsten versucht, sich durch den Gemeinschaftsgedanken programmatisch zu profilieren. Dies hängt mit ihrer wirtschaftsliberalen Grundausrichtung zusammen, die sie von anderen natio-naloppositionellen Kräften jener Zeit absetzt (vgl. Ptak 1999). Überdies waren die REP seit ihrer Gründung eine populistische Protestpartei mit einem „schlan-ken programmatischen Kern" (Fröhlich-Steffen und Rensmann 2005, S. 6). Einen positiven Gesellschaftsentwurf im Sinne des Volksgemeinschaftskonzeptes wiesen sie nicht auf (vgl. Kieserling 1991, S. 31). Das heißt nicht, dass Gemein-schaftsdenken in der Partei keine Rolle spielte, wie eine tiefer gehende Analyse vor allem des zugrunde liegenden ethnischen Volks- und Nationsbegriffs der REP zeigt (vgl. Funke 1989; Stöss 1990; Jaschke 1993, S. 105 ff.; Schwagerl 1993), doch war es weniger programmatisch verwurzelt und wurde eher fallweise mobi-lisiert.

Die Neonazi-Gruppen der 1970/1980er Jahre bezogen ihr Gemeinschafts-denken offen auf den historischen Nationalsozialismus, wobei zunächst eine Orientierung auf die „Kampfzeit" vor 1933, mit stark strasseristischer Färbung, dominierte. Die Volkssozialistische Bewegung Deutschlands/Partei der Arbeit (VSBD/PdA) forderte eine „Sozialordnung, die dem schaffenden Menschen das gibt, was ihm auf Grund seines Fleißes, seiner Leistung und seiner Stel-lung gebührt". Das Parteiprogramm der NSDAP paraphrasierend, proklamierte sie: „Gemeinnutz geht vor Eigennutz!" und die „Abschaffung des arbeits- und mühelosen Einkommens durch Absage an den Materialismus und das Profitden-ken, denen das menschliche Leben bedenkenlos und skrupellos geopfert wird". Denn: „Wer den schaffenden Menschen betrügt, betrügt sein Volk" (zitiert nach Pressedienst Demokratische Initiative 1981, S. 43 f.). Ähnlich argumentierte die Freiheitliche Deutsche Arbeiterpartei (FAP), die seit 1983 als Auffangbecken für Angehörige verbotener Neonazi-Organisationen fungierte. In einem programma-tischen Papier des Landesverbands Nordrhein-Westfalen von Anfang 1989 wurde dem „Klassenkampf" eine Absage erteilt und stattdessen „Gemeinschaftssinn" eingefordert. Soziale Gerechtigkeit sollte durch „Mitbeteiligung des Arbeiters am

Betriebskapital" und eine nicht näher erläuterte „innerbetriebliche soziale Neuordnung" erreicht werden (zitiert nach Christians 1990, S. 237, vgl. 239 ff.). Ähnlich argumentierte die Nationalistische Front (NF) in ihrem Grundsatzprogramm
unter dem Titel „Deutscher steh auf!" (Nationalistische Front o. J.). Und auch der
prominente Neonazi-Anführer Michael Kühnen wies dem Gemeinschaftsdenken
einen zentralen Stellenwert zu:

> Eine revolutionäre Bewegung [muss her], die den Menschen (…) als Volksgenossen
> einbettet in den Millionenstrom von Gleichgesinnten (…) Eine Bewegung, in der es
> keine Vorrechte von Geburt und Stand mehr gibt, sondern nur Deutsche, die – jeder
> an seinem Platz – etwas beitragen zum Gelingen des Ganzen. Eine Volksgemein-
> schaft, in der niemand allein und einsam zu sein braucht, die den schmerzlichen
> Gegensatz zwischen dem Einzelnen und dem Gemeinwesen aufhebt (Kühnen 1979,
> o. S.).

Seit den 1970er Jahren wurden zwei in der Perzeption der nationalen Opposition
eng mit einander verbundene Drohungen beschworen, die Volk und Volksgemeinschaft in ihrer Substanz zu gefährden schienen und im Begriff des „Volkstodes"
zusammen gefasst wurden: Der Verfall der deutschen Familie als kleinster und
ursprünglichster Einheit der Gemeinschaft, der in Verbindung mit Libertinage
und Abtreibung zu Geburtenrückgang führe, sowie die „Überfremdung" Deutschlands durch massenhafte Arbeitsmigration. Im Lauf der 1970er Jahre wurde die
Überfremdungsthematik systematisiert, verbal entschärft, aber zugleich inhaltlich
durch einen biologistischen Volksbegriff radikalisiert. Vordenker einer intellektuellen Neuen Rechten, wie Henning Eichberg, warfen das Konzept der „nationalen
Identität" in die Debatte und zielten auf die Absonderung der unterschiedlichen
Völker im Rahmen eines euphemistisch als „Ethnopluralismus" bezeichneten
Segregationskonzepts (vgl. Bartsch 1975, S. 30 ff.; Feit 1987, S. 83 ff.; Priester
2003, S. 247 ff.) Auch die NPD verband den Gegensatz zwischen Gemeinschaft
und Gesellschaft mit den völkischen Prinzipien ethnischer Homogenität: „Die
natürliche Gemeinschaft, in der Menschen leben, ist nicht eine zufällig zusam-
mengewürfelte Gesellschaft, sondern *das biologisch und geschichtlich gewachsene Volk*". Als „Ordnung umfassender sozialer Gerechtigkeit" verstanden,
sah die NPD im Volk einen „Organismus, in dem jedes Einzelmitglied für den
Bestand und die Funktionsfähigkeit des Ganzen seine notwendige Aufgabe zu
erfüllen hat" (NPD 1979, o. S. – Hervorhebung i. O.).

Das von fünfzehn konservativen Professoren unterschriebene, in mehreren
rechtsextremen Publikationen veröffentlichte und vergleichsweise wirkungsrei-
che „Heidelberger Manifest" von 1981 spitzte die Verknüpfung von völkischer

Identität und kulturalistischem Rassismus radikal zu. Auf den ersten Blick ist es ein Dokument der Abwehr von Zuwanderung, das wenig aussagt über die Ordnungsvorstellungen, nach denen die Gesellschaft idealer Weise strukturiert sein sollte. Es ist indes der Volksbegriff des Manifests selbst, der auf den Gemeinschaftsgedanken zurückverweist, wenn Völker „biologisch und kybernetisch" als „lebende Systeme höherer Ordnung mit voneinander verschiedenen Systemeigenschaften" betrachtet werden (Heidelberger Kreis 1981, S. 29). Die Individuen wurden dabei als einzelne Zellen des Körpers betrachtet, welche ihre jeweilige Funktion für den Gesamtorganismus nur dann erfüllen, wenn sie auf ihrem jeweils vorbestimmten Platz „funktionieren". Dieses funktionale Verständnis wurde durch die Bezugnahme auf den kybernetischen Systembegriff noch unterstrichen.

Die Beziehung zwischen volksgemeinschaftlichem Inklusionsversprechen und ethnisch begründeter Exklusion ist in der Literatur ausführlich diskutiert worden (vgl. z. B. Schwagerl 1993, S. 101 ff.). Demgegenüber wird der Bedeutung der Familiengemeinschaften für den radikalnationalistischen Volksgemeinschaftsgedanken viel geringere Aufmerksamkeit zugewendet, obwohl er sich durch weite Teile der oben beschriebenen programmatischen Tradition zieht, eng mit dem xenophoben und rassistischen Überfremdungsdiskurs verknüpft ist und auch im Heidelberger Manifest die einzige Konkretisierung ‚positiver' Inhalte darstellt: „Allein lebensvolle und intakte deutsche Familien können unser Volk für die Zukunft erhalten" (Heidelberger Kreis 1981, S. 30). Diesen Aspekt machte man sich vor allem in den völkischen und radikalnationalistischen Jugendverbänden bewusst. Es galt, den eigenen Nachwuchs sowohl gegen die Verlockungen der Konsum- und Warenwelt abzuschotten, als auch zu verhindern, dass er kinderlos blieb oder gar mit Menschen Familien gründete, die nach den völkischrassistischen Ausschlusskriterien als unerwünscht galten. Angesichts dessen mussten die „volkstreuen Jugendverbände" zweierlei leisten: Sie mussten den einzelnen Jugendlichen im nationalen Milieu hinreichend ideologisch-weltanschaulich imprägnieren, damit er auch als Einzelner in einer kulturell ‚riskanten' Umwelt bestehen konnte; und sie mussten gleichzeitig in kleinerem Rahmen Gemeinschaft stiften, ein Netzwerk familialer und freundschaftlicher Bande herstellen. Gernot Mörig, der Bundesführer des Bundes Heimattreuer Jugend (BHJ), forderte 1977, der Jugendliche müsse „erkennen, daß er immer an dem Platz zu stehen hat, der von keinem anderem als ihm besser ausgefüllt werden kann und nicht etwa dort, wo er aus irgendeinem Grund gerne stehen möchte" (zitiert nach Dudek und Jaschke 1984, Bd. 2, S. 219 f.). Ziel war die „Volkserhaltung":

Das Volk ist nicht mehr ausschließlich naturgegeben, denn ohne bewußte Willensbildung bei einigen seiner Mitglieder wäre es im Kampf um das Dasein zum Aussterben verurteilt (…) Gesunde Völker mit möglichst starker Willensbildung werden (…) den größtmöglichen Schutz für ihre Angehörigen bieten. Um also selbst existieren zu können, gilt es (…), für die Erhaltung meines Volkes zu kämpfen! (zitiert nach Dudek und Jaschke 1984, Bd. 2, S. 221 f.).

Bei der Wiking Jugend finden sich zeitgleich die ersten Anzeichen für die bewusste Ausformung einer völkischen Parallelgesellschaft. Eine solche Gemeinschaft werde „seit Jahren gelebt in echter kameradschaftlicher Verbundenheit in der volkstreuen Jugend", lebe bereits „in den Kindern derer, die (…) im nordisch-sippentümlichen Denken als gleichgesinnte Gefährten den Weg ihres kämpferischen Lebens gemeinsam gehen" (zitiert nach Meyer und Rabe 1979, S. 199). Der Einfluss einer für Heinrich Himmler und die Schutzstaffel (SS) spezifischen, an die völkische Bewegung anknüpfenden Spielart nationalsozialistischer Weltanschauung wird in diesem Postulat deutlich; unmittelbar im Kontext des hier zitierten Artikels aus dem Rundbrief der Wiking Jugend „Der Wikinger" findet sich sogar eine positive Anknüpfung an den Reichsführer SS. Himmler selbst hatte sich Mitte der 1930er programmatisch über die SS geäußert und schloss seine Ausführungen mit dem relativ bekannten Satz:

So sind wir angetreten und marschieren nach unabänderlichen Gesetzen als ein nationalsozialistischer, soldatischer Orden nordisch bestimmter Männer und als eine geschworene Gemeinschaft ihrer Sippen, den Weg in eine ferne Zukunft und wünschen und glauben, wir möchten nicht nur sein die Enkel, die es besser ausfochten, sondern darüber hinaus die Ahnen spätester, für das ewige Leben des deutschen germanischen Volkes notwendiger Geschlechter (Himmler 1938, S. 9).

Angesichts wiederholter Misserfolge beim Versuch, die Mehrheit der Bevölkerung von der Überlegenheit des radikalnationalistischen Volksgemeinschaftskonzepts über die pluralistische und nun auch „multikulturelle" Gesellschaft zu überzeugen, erwog ein Teil des rechtsextremen Lagers bereits um die Mitte der 1980er-Jahre den Ausstieg aus der Gesellschaft: „Steigt aus!!! (…) steigt aus mit Eurem Leben: es gehört nur Euch und unserem Volk! (…) Wenn wir nicht als Konsumgesellschaft verenden wollen, heißt die Parole: Abkoppeln! – und raus aus dem Alltag (…) Machen wir uns nichts vor: es gibt nur eine Solidarität: die von unterdrückten und freien Völkern" (Klartext 1985, S. 2). Wenn auch das „biologische und kulturelle Überleben unseres Volkes" (Nachrichten aus der Szene 1989, S. 17) auf dem Spiel stand, ließ sich doch vielleicht in kleinem Rahmen eine spätere Wiedergeburt vorbereiten. Völkisch fundierte Gemeinschaften sollten

mithin im persönlichen Nahfeld konkret aufgebaut werden, wie ein aufschluss-
reicher Gastbeitrag in einer neonazistischen Szenezeitschrift verdeutlicht. Hierzu
bedurfte es des Willens zur Gründung ‚artgemäßer' Familien, zur ökonomischen
Unabhängigkeit vom Staat und möglichst geringer Abhängigkeit von der Gesellschaft. Derartige Gemeinschaften waren dann im ländlichen Raum zu verankern,
in unmittelbarer Nachbarschaft zu anderen „volkstreuen" Familien. In den „tag-
täglich gelebten Lebensgemeinschaften kann jeder dem anderen eine Stütze sein,
– in jeder Beziehung. In solchen Gemeinschaften wären wir seelisch stark und
unangreifbar. Wirtschaftlich ebenso". Die „Rettung unseres Volkes" liege „bei
unserer Fähigkeit, solche Gemeinschaften zu bilden", welche auch als „Wehrdör-
fer" apostrophiert werden: „Wir hier sind dabei. Seit Jahren arbeiten wir in einem
kleinen Freundeskreis an diesen Dingen: Von der Finanzierung bis hin zur ‚Dorf-
verfassung'" (Nachrichten aus der Szene 1989, S. 17). Darin deutet sich eine Tendenz an, „Vergemeinschaftung" im radikalnationalistischen Milieu bewusst zu
betreiben und als Element einer langfristig angelegten Politik und Biopolitik zu
nutzen.

4.3.3 Der Volksgemeinschaftsgedanke im gesamtdeutschen Rechtsextremismus (1990 bis heute)

In den ausländerfeindlichen und rechtsextremen Mobilisierungen seit dem Herbst
1989 wurden zwar gesellschaftliche Kontroversen um Zugehörigkeit und Fremd-
heit, Öffnung und Schließung, Inklusion und Exklusion der deutschen Gesellschaft vorstellig, die auf den Grundgedanken einer harmonischen und homogenen
Volksgemeinschaft verwiesen. Aber in ordnungs-, wirtschafts- und sozialpolitischer Hinsicht verstand es die nationale Opposition zunächst nicht im selben
Maße, ihre Gemeinschaftskonzepte zu bewerben. In breiterem Rahmen handelte
es sich vorwiegend um Ab- und Ausgrenzungskampagnen, denen ausländerfeind-
liche, rassistischen und antisemitische Konstruktionen zugrunde lagen, während
die Integration des ethnisch verstandenen deutschen Volks von untergeordneter
Rolle blieb.

Auszunehmen sind hiervon die quasi internen Debatten, beispielsweise
um rechtsextreme Vergemeinschaftungsabsichten im ländlichen Raum und im
sozialen Nahfeld. Der Beitritt der fünf neu gebildeten Länder in der DDR zum
Bundesgebiet bot 1990 neue Möglichkeiten: Hier in Ostdeutschland fanden
sich dünn besiedelte ländliche Regionen, die zudem faktisch frei waren von

‚nicht-deutschen' Bewohnern. So begann ein Kreis völkisch geprägter junger Familien, im westmecklenburgischen Koppelow eine „organisch wachsende Siedlung kulturbewußter Menschen im Herzen Deutschlands" aufzubauen (Artam 1992, S. 21; vgl. Mecklenburg 1996, S. 382; Junge Freiheit 2005; Heinrich Böll Stiftung 2012). In internen Diskussionen äußerten einige Aktivisten der „volkstreuen Jugendverbände", dass sie ein „In-die-Breite-Gehen für gefährlich" hielten, und setzten darauf, „die Idee in ihrer Reinheit zu bewahren, bis einmal, hoffentlich, bessere Zeiten ins Land ziehen" (Drescher 1998, S. 20). Am Beispiel täuferischer Glaubensgemeinschaften in Amerika fanden sie bemerkenswert, dass „diese Gemeinschaften deswegen so gut und so lange bestehen, weil sie sich hart von der restlichen Welt abschotten", was sich auch durch die nationalistischen Jugendbünde in ihrer „Erziehung auf das spätere Familienleben anwenden" ließe (Volkmar 2005, S. 21). Weniger privatistisch als vielmehr unmittelbar politisch gingen die Jugendorganisationen der NPD, Junge Nationaldemokraten und Nationaldemokratischer Hochschulbund (NHB), an den „Aufbau einer nationalistischen Gemeinschaft" heran – einen Aufbau, der „von ganz unten", im lokalen Nahfeld, organisiert werden müsse:

> Während sich die anderen Leute in einer atomisierten, entsolidarisierten Gesellschaft beim zu erwartenden verschärften Kampf (…) gegenseitig halb umbringen, ist es für die Mitglieder einer nationalistischen Gemeinschaft viel leichter zusammenzuhalten und damit zu überleben. Die Ausstrahlung solcher Gemeinschaften wird manche, die heute noch abseits stehen, überzeugen (Einheit und Kampf 1990, S. 53).

Die zu schaffenden „befreiten Zonen" würden zu „Mikrokosmen der Gemeinschaft, die wir für ALLE anstreben". Es seien Bereiche, wo der „zentrale Widerspruch unserer Zeit", der Widerspruch Identität/Entfremdung, „zugunsten der Identität aufgelöst" werde, „Orte der Geborgenheit, des Dazugehörens, der Wärme, der Solidarität", „Heimat für die Heimatlosen", „sowohl Aufmarsch- als auch Rückzugsgebiete für die Nationalisten" (Vorderste Front 1991, S. 5; vgl. Döring 2008). Spätestens seit Mitte der 2000er Jahre knüpften namentlich die sächsische NPD und der Kreis um die Redaktion der Parteizeitung „Deutsche Stimme" an diese Konzepte an, konstatierten eine „nationale Graswurzelrevolution" und erhofften die „Ausbildung eines nationalen Milieus" (vgl. Döring 2008; Botsch 2009).

Diese Beispiele zeigen, dass das Volksgemeinschaftsdenken im Rechtsextremismus zunehmend auf die vermeintliche biologische Substanz des deutschen Volkes bezogen wurde. Volksgemeinschaft wurde zum Bollwerk für die

Erhaltung der Art gegenüber Überfremdung und Umvolkung. In internem Schulungsmaterial der Nationalistischen Front, der phasenweise bis zu ihrem Verbot 1992 erfolgreichsten neonazistischen Gruppierung in der Bundesrepublik, kommt dieser Aspekt zum Ausdruck. Mit Blick auf „unser politisches Selbstverständnis" erklärt die Nationalistische Front in einem Schulungsheft aus dem Jahr 1991 das Volk als „Lebens- und Schicksalsgemeinschaft artverwandter Menschen" und „biologische Solidargemeinschaft" zum „Ausgangspunkt unserer Politik" (Nationalistische Front 1991, S. 7). Dem „Volkssozialismus" beziehungsweise „Sozialismus des eigenen, volksbezogenen Weges" komme die Aufgabe zu, den „biologischen Gemeinschaften – den Völkern – die solidarische Volksgemeinschaft, als Garant der Existenz in Freiheit und Würde des Menschen" zu bringen (Nationalistische Front 1991, S. 8).

Doch auch mit öffentlichkeitswirksamen Aktionen ließen sich Bezüge zur Volksgemeinschaft herstellen. Im „Kampf um die Straße" mobilisierte die Freiheitliche Deutsche Arbeiterpartei (FAP) – anknüpfend an ihre volkssozialistischen und strasseristischen Wurzeln – das Thema, indem sie seit 1990 versuchte, gegen teils heftige Proteste jeweils am Ersten Mai einen rechtsextremen Aufzug durchzuführen. Sie stellte sich damit bewusst und offen in die Tradition der nationalsozialistischen Massenaufmärsche zum „Tag der nationalen Arbeit" seit dem 1. Mai 1933. Nach dem Verbot der FAP 1995 traten zunächst die Jungen Nationaldemokraten, dann die Mutterpartei NPD in die Funktion des Veranstalters ein.

Unter ihrem neuen Vorsitzenden Udo Voigt verabschiedete die NPD 1996 ein neues Programm. Es forderte den Schutz der Familie als „kleinste Gemeinschaft innerhalb unseres Volkes", die „Synthese von unternehmerischer Freiheit und sozialer Verpflichtung", Beteiligung der Arbeitnehmer am Produktivvermögen und eine „am heimischen Lebensraum der Menschen orientierte vielseitige und ausgewogene soziale Volkswirtschaft". „Aus sozialer Gerechtigkeit wächst die nationale Volksgemeinschaft", eine „Gemeinschaftsordnung", die in „nationaler Solidarität vorhandene Gruppenegoismen überwindet und zu sozialer Sicherheit und Gerechtigkeit führt" (NPD-Parteivorstand 1997, o. S.). Insgesamt orientiert sich das Programm am völkischen Nationsbegriff und begründet darauf auch seinen Widerstand gegen „Globalisierung" und „Überfremdung". Der von Jürgen Schwab geleitete Arbeitskreis „Volk und Staat" beim NPD-Parteivorstand hielt es für die Aufgabe der nationalistischen „Fundamentalopposition", die „gemeinschaftszerstörenden Kräfte der Gemeinschaft unterzuordnen". Der „Volksstaat" sollte auf einem ethnisch homogenen „Staatsvolk" beruhen, den Parteienstaat überwinden und neben den Menschen- und Bürgerrechten auch die „Gemeinschafts- und Volksrechte" in einer neuen Verfassung verankern

(NPD-Parteivorstand o. J., o. S.). Zentrale Begriffe, die Schwab zur Geltung bringen wollte, sind „Nationale Identität", „Nationale Solidarität" und „Nationale Souveränität" (Schwab 2002; vgl. Pfahl-Traughber 2003; ähnlich im NPD-Parteiprogramm 2010). Die NPD bekundete, der „Weg zur Volksgemeinschaft bestimmt unser Handeln", und so gelte es, „dem entwurzelten Menschen ohne Hoffnung klarzumachen, daß er ein wichtiger Bestandteil unserer Nation ist. Sein Auftrag ist es, sich und seine Fähigkeiten in die Volksgemeinschaft einzubringen: z. B. eine Familie zu gründen" (NPD-Parteivorstand 2002, o. S.). Volksgemeinschaft wurde damit aus Sicht der NPD-Führung zu einem gut geeigneten Schwerpunktthema künftiger Wahlkämpfe, „wobei innerhalb dieses Gebietes Familien- und Sozialpolitik verstärkt angesprochen werden sollte". Zugleich waren die Gefährdungen für die Volksgemeinschaft zu benennen: „Werteverfall, steigende Kriminalität, Vereinzelung, Familienzerstörung usw. Zudem wird gegenwärtig die biologische Grundlage der Volksgemeinschaft durch Überfremdung zerstört" (NPD-Parteivorstand 2002, o. S.).

Die politische und programmatische Entwicklung der NPD in den 2000er Jahren, die ihre weitere Öffnung für das neonazistische Kameradschaftsspektrum beinhaltete, ist mit Blick auf die Thematisierung der „sozialen Frage" und damit mittelbar auch auf Elemente des Volksgemeinschaftskonzepts vergleichsweise gut dokumentiert (vgl. Friedrich-Ebert-Stiftung 2006; Kailitz 2007b; Gebhardt und Clemens 2009; Botsch und Kopke 2009; Brandstetter 2013). Zusammenfassend kann mit Blick auf die sozial- und wirtschaftspolitischen Vorstellungen der NPD gesagt werden, dass die Analyse der programmatischen Entwicklung in der Ära Voigt „Traditionsbestände erkennen" lässt, die „teils unmittelbar auf Motive der nationalsozialistischen Weltanschauung zurück verweisen und durchweg antisemitisch grundiert sind". Zugleich spielte die „Neujustierung des Weltbildes der NPD eine wichtige Rolle im Prozess der Einbindung des Neonazi-Spektrums in die Partei. Sie ist zugleich eine Triebfeder wie ein Ausdruck der Nazifizierung dieser Partei" (Botsch und Kopke 2014, S. 171 f.). Dies findet seinen Ausdruck unter anderem im Parteiprogramm von 2010, wo es bereits in den „Grundgedanken" heißt:

Erst die Volksgemeinschaft garantiert die persönliche Freiheit; diese endet dort, wo die Gemeinschaft Schaden nimmt. Der Staat hat die Fürsorgepflicht für alle Deutschen.
Der soziale Nationalstaat verhindert den Kampf aller gegen alle und ist daher die Schutzmacht des deutschen Volkes. Wir Nationaldemokraten sind im Existenzkampf um den Bestand unseres Volkes die Stimme des nationalen und sozialen Deutschlands (NPD-Parteiprogramm 2010, S. 6).

Im unmittelbaren Anschluss daran, im Abschn. 4.1: Grundlage des Staates ist das Volk, postuliert die NPD jenen eingangs zitierten Gegensatz zwischen Gesellschaft und Volksgemeinschaft:

> Westliche Gesellschaften sind materielle Zweckverbände ohne Gemeinschaftswerte. Sie entwickeln keine verbindende Kultur.
> Sogenannte ‚multikulturelle' Gesellschaften sind in Wirklichkeit kulturlose Gesellschaftsformen, die je nach ihrer ethnokulturellen Zusammensetzung Parallelgesellschaften ausbilden, die für jedes Staatswesen zur Zerreißprobe werden. Die Solidarität einer bestehenden Volksgemeinschaft wird durch die übertriebene Vertretung von Einzel- oder Gruppeninteressen aufgehoben.
> Die politische Organisationsform eines Volkes ist der Nationalstaat. Die Erhaltung unseres Volkes und der Schutz für alle seine Teile müssen oberste Ziele deutscher Politik sein (NPD-Parteiprogramm 2010, S. 6).

Die folgenden Abschnitte sind zu großen Teilen von derartigem Volksgemeinschaftsdenken geprägt. Um die Wende zum neuen Jahrzehnt rückt die NPD somit Volk und Volksgemeinschaft in den Mittelpunkt ihrer Weltanschauung und Programmatik, darüber hinaus aber auch ihrer Propaganda, und macht sie gleichzeitig zum Orientierungspunkt für einen wichtigen Teil ihrer Praxis, in politischer Hinsicht wie auch als Handlungsanleitung für den lebensweltlichen Sektor.

4.4   Zwischenergebnis

Es ist die These aufgestellt worden, wonach die Bedeutung des Volksgemeinschaftskonzepts für den Rechtsextremismus seit den 2000er Jahren nicht zuletzt auf das Werben um Anhänger in der ehemaligen DDR zurück zu führen sei:

> Der Begriff *Volksgemeinschaft* zielt auf die politische Indienstnahme jener in den ostdeutschen Bundesländern besonders hohen Zustimmungswerte zu Einstellungen, die von einer starken sozialen und damit verbundenen kulturellen Homogenität ausgehen (...) An das Alltagsbewusstsein wird die Idee (...) dort anschlussfähig, wo das biografische, kollektive Narrativ der heute fünfundvierzig- bis fünfundsechzigjährigen Bürger_innen Ostdeutschlands den in der Erinnerung als stark apostrophierten sozialen Zusammenhalt des Lebens in der DDR hervorhebt (Begrich 2011, S. 82 – Hervorhebung i. O.).

Demgegenüber hat der Durchgang durch die Phasen der nationalen Opposition in der Bundesrepublik eine sehr früh einsetzende, sehr dichte und sehr stabile Thematisierung, Mobilisierung und programmatische Verankerung des

Volksgemeinschaftsdenkens zutage gefördert, die erkennen lässt, dass es sich hierbei um eine „Grundeinstellung" oder „Grundposition" (vgl. Schwagerl 1993) der extremen Rechten in der Nachkriegszeit handelt. In der ersten Phase seiner Entwicklung in der Bundesrepublik, also etwa bis Ende der 1960er Jahre, konzipierte der fundamentaloppositionelle Radikalnationalismus die Volksgemeinschaft als Gegenentwurf zum demokratischen Verfassungsstaat und zur pluralistischen Gesellschaft. In der zweiten Phase, die in den 1970er Jahren begann, blieb dieses Motiv erhalten, es kam aber ein weiteres hinzu: In der Abwehr von Zuwanderung mobilisierte die nationale Opposition die Volksgemeinschaft als Gegenentwurf zur „multikulturellen Gesellschaft" und betonte dabei sowohl die biologische als auch kulturelle „Substanz" des deutschen Volks, die sie für gefährdet hielt. Schließlich entwickelte sich die Volksgemeinschaft in der letzten Phase seit 1989/1990 zu einem handlungsleitenden Motiv, das sich nicht zuletzt im Versuch darstellte, konkrete Vergemeinschaftungsprozesse in Gang zu setzen, um der bekämpften pluralistischen und multikulturellen Gesellschaft quasi von unten zu begegnen.

Dabei weist die Volksgemeinschaft verschiedene Facetten auf. Mit Blick auf die politische Ordnung dient sie als Gegenentwurf zum parlamentarischen Staat, mit Blick auf die sozialen Beziehungen als Gegenentwurf zur pluralistischen Gesellschaft, mit Blick auf die Frage der Definition des Volkes als Gegenentwurf nicht nur zur Staats- oder Willensnation, sondern auch zur Einwanderungsgesellschaft, welche als „multikulturelle Gesellschaft" bekämpft wird. Schließlich enthält das Volksgemeinschaftsdenken auch einen lebenspraktischen Verhaltensentwurf, der in Gegensatz steht zur „Konsumgesellschaft". Typischer Weise begreift sich Volksgemeinschaftsdenken dabei als „Dritte Position" – gegenüber der parlamentarischen Demokratie wie gegenüber der Diktatur, gegenüber dem Kollektivismus oder der Vermassung wie gegenüber dem Liberalismus oder dem Individualismus.

Innerhalb dieses Denkens lassen sich zwei Strömungen identifizieren, die mit der Unterscheidung zwischen „Altem" und „Neuem Nationalismus" (vgl. Breuer 2010; Stöss 1980) korrespondieren. Eine Variante der Vorstellungen über die „natürliche", „organische" Gemeinschaft strebt (ständische) Gliederung an und setzt auch innerhalb des eigenen Volkes auf Exklusion. Eine andere, eher Inklusion anstrebende Spielart scheint auf eine Art formierte Gesellschaft zu orientieren, deren Vorbild im historischen Nationalsozialismus sowie bei den Nationalrevolutionären zu suchen ist. Innerhalb dieser Strömung gibt es wiederum zwei Richtungen. Die eine bezieht sich eher auf den Nationalsozialismus an der Macht und versteht sich selbst als „solidaristisch". Die zweite Richtung, die sich revolutionärer gibt, orientiert sich stärker am strasseristischen Gedankengut und betont, dass sie einen „Deutschen Sozialismus" oder einen „Volkssozialismus" anstrebe. Die beiden Strömungen und ihre Unterströmungen sind indes nicht streng geschieden und voneinander abgrenzbar.

Dass dieses Volksgemeinschaftskonzept originär rechtsextremem Denken entspringt, bleibt festzuhalten (vgl. Schwagerl 1993; Botsch und Kopke 2009, S. 11 ff.). Trotz der sozialen Rhetorik, des Versprechens „nationaler Solidarität" und – in einigen Varianten – eines „Deutschen Sozialismus" handelt es sich um ein grundsätzlich antiegalitäres Konzept. Dieser Befund wird meistens, und zu Recht, durch den Hinweis auf die radikale Schließung gegenüber „Fremden" vorgenommen, da in diesem Entwurf die Menschen nicht als prinzipiell gleich, sondern durch ihre Herkunft wesentlich und unveränderlich ungleich vorgestellt werden. Doch sind die Volksgemeinschaftskonzepte der extremen Rechten auch mit Blick auf das nationale Kollektiv radikal antiegalitär. Sie gehen stets von der Ein- und Unterordnung des Einzelnen in die Gemeinschaft aus, die in politischer Hinsicht im Prinzip von Führung und Gefolgschaft realisiert werden, in den sozialen Beziehungen einem „Leistungsprinzip" folgen soll. Dabei wird über Jahrzehnte immer wieder die Parole „Jedem das Seine" aufgegriffen, der Gedanke der Gleichheit abgelehnt und die prinzipielle Ungleichheit der Menschen hervorgehoben – wie dies auch bei der NPD nachweisbar ist: „Wir sprechen von der natürlichen Ungleichheit der Menschen (...) *Unsere Lerrformel* [sic!] *heißt daher nicht ‚Allen das Gleiche', sondern ‚Jedem das Seine!'"* (vgl. NPD-Parteivorstand 2002, o. S. – Hervorhebung i. O.; vgl. auch NPD-Parteiprogramm 2010).

Ergebnisse und Perspektiven

5

Die hier vorgelegten Studien über „wahre Demokratie" und „Volksgemeinschaft" verstehen sich ihrer Anlage, ihrem Fokus und Erkenntnisinteresse nach als eigenständige Beiträge zur Untersuchung ideologisch-weltanschaulicher Motive im bundesdeutschen Rechtsextremismus, wobei die NPD als eigentliche Repräsentantin organisatorischer Kontinuität von besonderer Bedeutung ist. Indes lassen sich aus dem Vergleich beider Motive auch weitergehende Erkenntnisse gewinnen. Sie spielen eine Rolle bei der Bewertung des Charakters der gegenwärtigen NPD und der Klärung der Frage nach ihrer „Wesensverwandtschaft mit dem Nationalsozialismus". Darüber hinaus werfen beide Studien neue Fragen auf, die den Stellenwert von Ideologie und Weltanschauung im Rechtsextremismus insgesamt betreffen. Diese Probleme sollen im folgenden Kapitel kurz diskutiert werden.

Für beide ideologisch-weltanschauliche beziehungsweise programmatisch und propagandistisch eingesetzte Motive, die „wahre Demokratie" und die „Volksgemeinschaft", ließ sich zeigen, dass sie keineswegs einfach konjunkturell verwendete, gar modische Schlagworte darstellen, sondern über eine lange Tradition im bundesdeutschen Rechtsextremismus verfügen. Zum Verständnis dieser Kontinuitäten, aber auch der Wandlungen im Begriffsgehalt und damit möglicher Prozesse der Radikalisierungen oder auch „taktischen Zivilisierung" (Klärner 2008) des Rechtsextremismus bedarf es mithin breit angelegter Längsschnittanalysen. Damit lassen sich in der Rechtsextremismusforschung wie in der öffentlichen Debatte häufig auftretende, historisch unreflektierte Aussagen über vermeintliche Modernisierungsleistungen, taktische Anpassungen oder „Tarnungsversuche" kritisch hinterfragen.[1]

---

[1]Am Beispiel der Sozial- und Wirtschaftspolitik der NPD konnten wir zeigen, dass die Hinwendung der NPD zur „sozialen Frage" um das Jahr 2000 herum keineswegs derart „neu" war, wie mitunter behauptet, vgl. Botsch und Kopke (2008, 2013, 2014). Ähnliches gilt mit Blick auf Umweltschutz und Ökologie, vgl. Botsch und Kopke (2012).

© Springer Fachmedien Wiesbaden 2017
G. Botsch, *Wahre Demokratie und Volksgemeinschaft,* Edition
Rechtsextremismus, DOI 10.1007/978-3-658-14959-8_5

Obgleich „wahre Demokratie" und „Volksgemeinschaft" zwei für das radikalnationalistische Lager in Deutschland bedeutende Begriffe sind, bleiben beide vage Versprechen, die nicht in größerem Umfang konkretisiert werden; sie hängen letztendlich von ihrer Funktion als Gegenbegriffe ab, die auf eine abgelehnte und als feindlich markierte soziale und politische Ordnung verweisen. Die Berufung auf Demokratie ist dabei weltanschaulich bloß möglich, aber für die NPD keineswegs zwingend. Vielmehr stehen strategische und taktische Erwägungen deutlich im Vordergrund. Dahinter lässt sich in der Regel der Wunsch nach Errichtung eines autoritären Regimes erkennen, das sich legitimatorisch auf das Volk, das Volkswohl und die Volksgemeinschaft beruft und hierfür die direkte Ansprache des Volkes in Form von Plebisziten, gelegentlich auch ständischen Verfassungselementen in Aussicht stellt. Beim rechtsextremen Reden von der „wahren Demokratie" ist also das zentrale Anliegen nicht die Fortentwicklung der Demokratie, der Entwurf einer durch mehr und qualitativ bessere Partizipationschancen geprägten politischen Ordnung, sondern in erster Linie die Diskreditierung der bestehenden politischen Ordnung, der parlamentarischen Demokratie in der Bundesrepublik, mit dem Ziel ihrer Beseitigung. Einige Dokumente lassen erkennen, dass selbst die Führerherrschaft im Nationalsozialismus den von der NPD gestellten Ansprüchen an eine plebiszitäre Präsidialordnung genügen würde. Dieses Fenster zur Affirmation der Diktatur Hitlers offen zu halten ist wichtig, wenn es um die Integration der neonationalsozialistischen Strömung in die Partei geht. So zeigt der Blick auf die Programmgeschichte der NPD, dass ihr Demokratiekonzept nur bedingt aus weltanschaulich-ideologischen Grundpositionen herzuleiten ist, die für die gesamte extreme Rechte gelten.

Darin wird ein wesentlicher Unterschied zum Motiv der Volksgemeinschaft erkennbar. Die Beschwörung der Volksgemeinschaft ist nicht nur für die NPD, sondern für die gesamte nationale Opposition in der Bundesrepublik von zentraler Bedeutung, und zwar in allen Etappen ihrer Entwicklung und Entfaltung. Dabei können die Vorstellungen über den Gehalt der Volksgemeinschaft im Vergleich zur „wahren Demokratie" breiter variieren. Sie begründen auch eher echte politische und ideologisch-weltanschauliche Friktionen und Flügelbildungen im rechtsextremen Lager. So ließ sich zeigen, dass Volksgemeinschaft nicht für alle Anhänger des radikalen Nationalismus ungefähr das Gleiche meint. Teils handelt es sich um ein alternatives Modell sozialer Vergesellschaftung und Vergemeinschaftung gegenüber der nationalsozialistischen Herrschaftsordnung – sei es als Ständeordnung, sei es gar als subsidiäre nachbarschaftliche und betriebsgemeinschaftliche Sozialordnung, wie sie die Deutsche Gemeinschaft in den 1950er und der ersten Hälfte der 1960er-Jahre propagierte. Teils wird Volksgemeinschaft aber auch unmittelbar mit der NS-Bewegung verbunden, wobei wiederum zwei konkurrierende oder zumindest alternative Möglichkeiten bestehen: Einerseits die Identifizierung der NS-Herrschaft als Ausdruck „nationaler Solidarität" beziehungsweise eines „Solidarismus"; andererseits die Berufung auf die ursprüngliche NS-Volksbewegung der Kampfzeit, insbesondere auf die SA. Darüber hinaus wird völkische Vergemeinschaftung im Laufe der Zeit mit zunehmender Intensität zu einer lebensweltlichen Praxis innerhalb des nationalen Lagers. Volksgemeinschaft soll sich im politischen Handeln ebenso verwirklichen, wie in der Alltagswelt verankert werden. Das umfasst Aktivitäten, die auf den Erhalt der biologischen Substanz deutschen Volkstums angesichts eines vermeintlich bevorstehenden Volkstodes zielen. Zugleich, und eng damit verknüpft, lassen sich Versuche zur gezielten Schaffung völkischer Gemeinschaften, zur Vergemeinschaftung im lebensweltlichen Milieu beobachten.

Wie die Untersuchung beider Motive, der Volksgemeinschaft und der „wahren Demokratie", gezeigt hat, reicht die Beschränkung auf deren ideologisch-weltanschauliche Funktionen offenbar nicht hin. Deutlich zeigen sich die Grenzen eines rein auf rechtsextreme Ideologie orientierten Untersuchungsansatzes. Demgegenüber sollte, wie ich kürzlich vorgeschlagen habe (Botsch 2015), erstens statt rechtsextremer Ideologien stärker der Komplex eines spezifisch rechtsextremen „Denkens" untersucht werden. Zweitens gilt es, diese Perspektive durch Einbeziehung der Handlungsebene zu ergänzen und zu erweitern. Neben der *Ideologie* sollte zunehmend die *Praxeologie* des Rechtsextremismus in den Blick genommen werden. Ob, wie und in welchem Maße Ideologie für den Rechtsextremismus überhaupt von Bedeutung ist, bleibt in der einschlägigen Forschung durchaus umstritten. Die politische Theorie, aber auch historiografische Forschungen etwa zur international vergleichenden Faschismusforschung (vgl. Reichardt 2002; Paxton 2004) oder zur völkischen Bewegung in Deutschland (vgl. Breuer 2008, 2010) haben deutliche Probleme, eine spezifische rechtsextremistische Ideologie überhaupt zu identifizieren und empirisch nachzuweisen. Unter Hinweis auf den eklektizistischen Charakter seiner Propaganda und Programmatik wird der Rechtsextremismus in ideologischer Hinsicht häufig als Spielart des Konservatismus gesehen (vgl. beispielsweise von Beyme 2013). Ob es demgegenüber eine eigenständige rechtsextreme Ideologie gibt oder ob der Rechtsextremismus an bestehenden Großideologien partizipiert, sich Ideologie-Fragmente oder -Elemente einverleibt und sie variiert, bleibt daher umstritten und vom verwendeten Ideologie-Begriff abhängig.

Als relativ gesichert kann indes gelten, dass im ideologischen Kern des Rechtsextremismus ein radikaler Nationalismus steht,[2] der sich ethnisch, völkisch und/oder rassistisch begründet, selbst wenn er oberflächlich kulturalistisch argumentiert. In der Betonung der natürlichen und substanziellen Unterschiede zwischen den völkisch beziehungsweise national definierten Kollektiven ist das entscheidende Kriterium dafür zu sehen, dass wir diesen Nationalismus als rechtsextrem charakterisieren. Die ideologische Verabsolutierung solchen Ungleichheitsdenkens macht den Rechtsextremismus zu einer Spielart der „Ordnungen der Ungleichheit" (Breuer 2002, 2010; vgl. Bobbio 1994) und „Ideologien der Ungleichwertigkeit" (Heitmeyer 2002). Wie bei anderen Ungleichheitsideologien auch, sind „Intelligenz", „Leistung", „Geschlecht" usw. wichtige Elemente; das Spezifikum rechtsextremen Ungleichwertigkeitsdenkens besteht aber darin, dass Differenz vor allem auf Herkunft und eingeborene Zugehörigkeit zu einem völkisch-nationalistisch oder rassisch verstandenen Abstammungskollektiv bezogen ist.

In weiten Teilen der Rechtsextremismus-Forschung wird das Problem der Ideologie eher pragmatisch behandelt. Es geht weniger darum, die rechtsextreme Ideologie an sich zu identifizieren und formenstreng von anderen Ideologien abzugrenzen, als darum, unter Berücksichtigung ideologischer Elemente die Konturen rechtsextremer Weltanschauungen oder Einstellungen herauszuarbeiten (vgl. z. B. Decker und Brähler 2006; Stöss 2007). Der Begriff der rechtsextremen Einstellungen und Orientierungen bleibt bewusst unterhalb der Ebene des „Ideologischen". Die Relevanz von Einstellungen für die Praxis bleibt indes dunkel. Es ist meines Erachtens noch nicht gelungen, einen überzeugenden Zusammenhang zwischen den Ergebnissen der Einstellungsforschung einerseits und dem tatsächlichen Auftreten von rechtsextremen Verhaltensweisen andererseits aufzuzeigen (vgl. Sommer 2010). Dies belegt am deutlichsten das Wahlverhalten, das in der Bundesrepublik Deutschland regelmäßig weit hinter den gemessenen Einstellungswerten zurückbleibt (vgl. Arzheimer 2008).

Eine interessante Lösung des Ideologie-Problems bietet H. Joachim Schwagerl. Wenngleich er das rechtsextreme Denken auf eine rassistisch determinierte „Volksgemeinschaftsideologie" zurückführt, spricht er doch eher vorsichtig von einem „Bündel von zusammenhängenden, immer wiederkehrenden Merkmalen",

---

[2]Cas Mudde (1995) hat gezeigt, dass bei einer Auswahl von 26 Definitionsvorschlägen zum Rechtsextremismusbegriff in deutscher, englischer und holländischer Sprache „five ideological features were mentioned (...) by at least half of the authors: nationalism, racism, xenophobia, anti-democracy, and the strong state". Mit 22 Nennungen stand Nationalismus dabei an vorderster Stelle. Vgl. Minkenberg (2005).

die „im Ergebnis in eine Art von Ideologie einmünden". Indes: „Über eine einheitliche und geschlossene Ideologie, wie z. B. die des Kommunismus im klas-
sischen Sinne, verfügt der Rechtsextremismus bisher in Deutschland nicht"
(Schwagerl 1993, S. 101). Der rassistisch begründete, ethnisch verstandene
Volksbegriff und der mit ihm verbundene Nationalismus machen den Kern rechtsextremen Denkens aus. Der Einzelne ist dabei Teil einer Gemeinschaft – des
Volkes –, die sich nicht nur aus den mitlebenden Volksgenossinnen und Volksgenossen konstituiert, sondern auch aus der Kette der Generationen, zu der die
Vorfahren – oder „Ahnen" – ebenso zu rechnen sind wie die Nachkommen.
Nicht zuletzt daraus ergibt sich eine überindividuelle, biologische Verpflichtung,
weder die Generationenkette abbrechen zu lassen noch durch falsche Partnerwahl
zur Zerstörung der biologischen Substanz des deutschen Volkes beizutragen. So
lassen sich „fast alle Parolen, Forderungen, Stellungnahmen" (Schwagerl 1993,
S. 102) auf diese völkisch-rassistisch geprägte Grundeinstellung zurückführen.
Die Nation werde zum obersten Integrationswert erhoben, es finde eine „Ideologisierung des Nationalbewußtseins" (Schwagerl 1993, S. 109) statt. Innerhalb
dieses Rahmens erscheint der Staat als „organische Handlungsform der Nation"
(Schwagerl 1993, S. 162). Darauf baut eine Kette von Ableitungen auf: Der autoritäre Staatsaufbau wird organizistisch begründet, eine starke und machtvolle
Zentrale gefordert. „Zentralismus und Führerprinzip" (Schwagerl 1993, S. 169)
sind für rechtsextreme Staatsvorstellungen maßgeblich. Aus einem fundamentaloppositionellen Staatsverständnis heraus begründet sich die Forderung nach
einem neuen Staatsaufbau, der als Antithese zum parlamentarisch-demokra-
tischen Verfassungsstaat und zur pluralistischen Gesellschaft formuliert wird.
Ausgehend von einer systematischen Abwertung, ja Diffamierung der parlamentarischen Demokratie in der Bundesrepublik, schüre rechtsextreme Propaganda
eine Krisenstimmung, indem sie bestehende Angstgefühle verstärke und ausnütze
(Schwagerl 1993, S. 23 ff.). Als konstitutiv erweist sich das ausgeprägte Feind-
denken (Schwagerl 1993, S. 44 ff.; vgl. Bott 1969).

Schwagerls Ansatz, nicht Einstellungen, Weltanschauungen oder Ideologien
zu untersuchen, sondern von rechtsextremem Denken zu sprechen, mag in vie-
lerlei Hinsicht ergänzungsbedürftig sein. Er hat aber den unschätzbaren Nutzen, dieses Denken in unmittelbaren Zusammenhang zu rechtsextremer Praxis
zu setzen. Damit ist zugleich eine vorideologische Gefühls- und Emotionsebene
angesprochen, die in Verbindung mit Ideologie- und Weltanschauungsfragmen-
ten wirksam wird. Im Rahmen rechtsextremen Denkens scheint das ideologische
Moment für sich genommen relativ wirkungslos zu bleiben. Es bedarf offenbar
der Einbindung in einen konkreten Handlungsrahmen. Wenn Schwagerl schreibt,

der „Wunsch nach Änderung" führe zum „Aktionismus" (Schwagerl 1993, S. 44),
so weist er den Weg in eine Richtung, die sich als „Praxeologie" bezeichnen
ließe. In einer Vergleichsstudie über die Squadristi des italienischen Faschismus
und die Sturmabteilungen des deutschen Nationalsozialismus hat der Historiker
Sven Reichardt sich für eine solche praxeologische Wende im Rahmen der international vergleichenden Faschismusforschung stark gemacht. Ausgangspunkt
ist, dass es – ähnlich wie wir es für den Rechtsextremismus festgehalten haben
– „keine fest umrissene faschistische Ideologie gab, sofern man unter ‚Ideologie'
einen umfassenden Gesellschaftsentwurf versteht, der die Gesamtheit des Wirklichen in systematischer Weise zu erfassen sucht" (Reichardt 2002, S. 22; vgl.
Paxton 2004). „Anstatt von einer faschistischen Ideologie sollte man daher von
faschistischen Sinnsystemen sprechen". Zu fragen wäre nach „im Lebensstil zum
Ausdruck kommenden rebellischen Antihaltungen", dem „Aufbau einer im Alltag
handhabbaren Denkweise, der es nicht um theoretische Erkenntnis-, sondern um
praktische Handlungsinteressen zu tun war" und der es „nicht um Erklärung, sondern um Rechtfertigung", nicht „um Diagnose, sondern um Denunziation" gegangen sei (Reichardt 2002, S. 24). Es lohnt sich, diese Anregungen für den Bereich
der Rechtsextremismusforschung aufzugreifen.

Bezogen auf die extreme Rechte der Gegenwart kann als These formuliert
werden: Je stabiler rechtsextreme Milieus und Vergemeinschaftungen sind, desto
stärker verschränken sich ideologische Motive mit praxeologischen zu einem als
kohärent empfundenen Sinnzusammenhang (vgl. Botsch 2015). Dabei lässt sich
die Sinnebene weder mit den Methoden der empirischen Meinungsforschung
messen noch mit einer positivistischen Textanalyse erfassen und kategorisieren,
und auch nicht aus theoretisch gewonnenen Interpretationsmodellen wie der
generischen Extremismustheorie ‚ableiten'. Vielmehr lassen sich solche Sinnzu-
sammenhänge nur sinnverstehend, nämlich quellenhermeneutisch erschließen und
rekonstruieren.

Dies lässt sich auch als Ergebnis der beiden hier vorgestellten Studien zu „wahrer Demokratie" und „Volksgemeinschaft" festhalten. Ideologie spielt zwar im Rechtsextremismus eine wichtige Rolle, aber eine
eigenständige rechtsextreme Ideologie lässt sich kaum erkennen. Sinnvol-
ler ist es, rechtsextreme Weltanschauungen zu identifizieren, in denen diverse
Ideologiefragmente miteinander verbunden stehen und ein eigenständiges
„rechtsextremes Denken", eine Denkstruktur beziehungsweise ein System
von Sinnbezügen erzeugen. Dieses System steht aber nicht für sich, es ist auf
Betätigung, auf Bestätigung im Handeln angewiesen. Die Verschränkung von

Ideologiefragmenten und Weltanschauungsmotiven mit praktischem Handeln bedarf der genaueren Erforschung, um Sinnbezüge hermeneutisch zu erschließen und freizulegen.

So lässt sich ein vollständigeres Bild über den Charakter der NPD nur dann gewinnen, wenn man die ideologisch-weltanschauliche Ebene, wie sie sich in Programmatik und Propaganda dieser Partei niederschlägt, durch den Blick auf die praxeologischen Ebene ergänzt. Für eine rechtsextreme Partei wie die NPD ist die Mobilisierung von Begriffen wie „Demokratie" und „Volksgemeinschaft" nicht nur ein ideologisches Bedürfnis. Vielmehr verweisen diese Begriffe auf Sinndeutungsmuster, die unmittelbar in Zusammenhang mit der Handlungsebene stehen. Wenn sich die NPD und andere rechtsextreme Kräfte mit Rücksicht auf strategische und taktische Erwägungen für ein Bekenntnis zu „wahrer Demokratie" entscheiden, reagieren sie damit zugleich auf den dominanten Deutungs- und Handlungsrahmen, der für alle politischen Kräfte in der Bundesrepublik Deutschland vorgegeben ist. Demokratie bleibt ein positiv besetzter Leitwert, und jede politische Richtung muss sich auf die eine oder andere Weise dazu positionieren. Es ist nicht unmöglich, fällt aber doch schwer, sich komplett außerhalb des durch den Begriff Demokratie vorgegebenen Rahmens zu stellen. Wir können davon ausgehen, dass rechtsextreme Akteure ihren Handlungen unter anderem dadurch Sinn zuschreiben, dass sie die Wirklichkeit der demokratischen Gesellschaft in Widerspruch zum demokratischen Ideal setzen. Die Demokratie in der Bundesrepublik erweist sich innerhalb dieses Deutungsschemas als Chimäre. Die „Verfolgung abweichender Meinungen" – hier werden die Strafbarkeit volksverhetzender Aussagen und die Leugnung des Holocaust ins Feld geführt –, die Kriminalisierung nationaloppositioneller Organisationen und das fortdauernde Verbot der NSDAP scheinen den undemokratischen Charakter der „BRD" sinnfällig zu belegen.

Mit Blick auf die Frage, ob Organisationen, die dem Nationalsozialismus wesensverwandt sind, verboten werden können, ist es interessant, sich diese Argumentation etwas genauer anzusehen. Als Michael Kühnen 1977 die Aktionsfront Nationaler Sozialisten (ANS) gründete, formulierte er als Hauptprogrammpunkt die Aufhebung des NSDAP-Verbots. Obwohl Kühnen am Anspruch der nationalsozialistischen Bewegung auf alleinige Ausübung der Macht keinen Zweifel ließ, begründete er diese Forderung explizit mit dem Hinweis auf demokratische Freiheitsrechte: „Das Verbot der NSDAP ist unvereinbar mit den Grundlagen einer liberalen Demokratie. Angesichts der freien politischen Tätigkeit von Kommunisten, Maoisten und Anarchisten ist die Fortdauer des NS-Verbots unverständlich". Wichtiger erschien ihm noch der Hinweis auf die völkerrechtliche

Stellung Deutschlands, wenn er das Verbot als „fortdauerndes Besatzungsrecht" bezeichnete: „Die Aufhebung des unsinnig gewordenen NS-Verbots wäre ein Zeichen wiedergewonnener Souveränität des westdeutschen Staates. Die Fortdauer ein Beweis des Gegenteils" (Kühnen 1979, o. S.). Das Verbot der NSDAP und nationalsozialistischer Propaganda wird damit zum Beweis für den undemokratischen Charakter der Bundesrepublik und sogar für hart gesottene Neonazis handlungsleitend, die eigentlich die Demokratie ablehnen. Dies wirkt bis in die Reihen des „Nationalsozialistischen Untergrunds" (NSU), der terroristischen Zelle um Uwe Böhnhardt, Uwe Mundlos und Beate Zschäpe. In ihrem Bekennervideo aus dem Jahr 2007 motivieren sie ihre Morde und Gewalttaten geradezu mit der vermeintlich nicht existierenden Demokratie. Dort heißt es unter der Überschrift „Taten statt Worte" unter anderem: „Solange sich keine grundlegenden Änderungen in der Politik, Presse und Meinungsfreiheit vollziehen, werden die Aktivitäten [des NSU] weitergeführt" (zitiert nach Aust und Laabs 2014, S. 784).

Noch deutlicher fällt das Urteil mit Blick auf den Volksgemeinschafts-Gedanken aus. Dieser ist zutiefst im rechtsextremen Denken verankert, ja eine „Grundposition" dieses Denkens. Die Sehnsucht nach der Herstellung einer Volksgemeinschaft und die Annahme, diese sei durch einen Komplex äußerer und innerer Gefahren bedroht, hat sich im Lauf der Jahrzehnte immer tiefer im Sinndeutungssystem der nationalen Opposition verankert. Volksgemeinschaft ist nicht mehr nur ein ideologisches Motiv, mit dem das Versprechen einer gerechten und solidarischen Gesellschaft im Sinne des Sozialismus einerseits und einer pluralistischen, die Verwirklichung der individuellen Freiheiten im Sinne des Liberalismus garantierenden Gesellschaft andererseits bekämpft werden sollen. Volksgemeinschaft wird vielmehr im innersten Kern der nationalen Opposition in einen realen Versuch übersetzt, das Zusammenleben zu organisieren und jenseits der bekämpften Gesellschaft neu und anders zu strukturieren. Solche Handlungen zielen auf die Züchtung einer höherwertigen Rasse ab und knüpfen damit unmittelbar an die radikalsten Rassefantasien der völkischen Bewegung an, wie sie insbesondere durch die SS propagiert wurden (vgl. Himmler 1938).

Im Zuge ihrer Radikalisierung seit den 1990er Jahren hat sich die NPD immer weiter für derartig hoch ideologisierte Kräfte geöffnet. Wenn Kritiker des NPD-Verbotsverfahrens die Verbindung der Partei zum historischen Nationalsozialismus auf die Verwendung von Parolen und Ideologiefragmenten reduzieren (vgl. Leggewie et al. 2016, S. 3), übersehen sie diese enge Verschränkung von rechtsextremem Denken und rechtsextremem Handeln. Ihre als „wahre Demokratie" getarnte Demokratiefeindschaft und ihr im Interesse einer „Volksgemeinschaft" vorgetragener Angriff auf die pluralistische Gesellschaft verweisen vielmehr aufeinander und prägen die NPD als Partei. Die Einschätzung, dass die NPD sich zu einer dem Nationalsozialismus „wesensverwandten" Partei entwickelt hat, folgt also nicht aus der isolierten Betrachtung ihrer Parolen und weltanschaulichen Positionen. Diese motivieren vielmehr gegenwärtige Aktivitäten und beabsichtigte zukünftige Handlungen.

Mit den vorliegenden beiden Studien konnte gezeigt werden, dass die NPD die „wahre Demokratie" aus taktischen und strategischen Gründen propagiert; sie kann dies, weil und insofern sie auch ihr großes historisches Vorbild, die diktatorische Herrschaft Hitlers im nationalsozialistischen Deutschland, als demokratisch legitimiert erscheinen lässt. Würde sie darauf verzichten, könnte sie ihren neonazistischen Anhängern den Begriff der Demokratie nicht schmackhaft machen. Auch der spezifische, im Rechtsextremismus kultivierte Volksgemeinschaftsbegriff verweist unmittelbar auf den historischen Nationalsozialismus. Beide ideologisch-weltanschaulichen Motive sind mithin ein weiterer Beleg dafür, dass der vom Bundesrat im Verbotsantrag erhobene Vorwurf einer „Wesensverwandtschaft" mit der NSDAP zutrifft. Gleichwohl hat das Bundesverfassungsgericht nicht allein über diesen Tatbestand zu befinden. Die Frage, ob eine Partei aufgrund der „Wesensverwandtschaft" bereits verboten werden kann, wie dies bisher geübte Praxis im Rahmen der Vereinsverbotsverfahren war, oder ob eine unmittelbare und gegenwärtige Bedrohung der Demokratie angesichts des hohen Stellenwerts der Parteien in der deutschen Verfassungsordnung hinzu kommen muss, steht im Mittelpunkt des Verfahrens. Die Entscheidung des Verfassungsgerichts ist damit für die weitere parteipolitische Entwicklung der nationalen Opposition in der Bundesrepublik von entscheidender Bedeutung.

Quellen

Alternative für Deutschland (AfD). 2016. Programm für Deutschland. Das Grundsatzprogramm der Alternative für Deutschland. Beschlossen auf dem Bundesparteitag in Stuttgart am 30.04./01.05.2016.

Antikap. 2006. Aufruf zur antikapitalistischen und antiglobalistischen Kampagne „Zukunft statt Globalisierung". http://www.antikap.de/downloads/aufruf.pdf. Zugegriffen: 20. Aug. 2013.

Apfel, Holger, Hrsg. 1999. *Alles Große steht im Sturm. Tradition und Zukunft einer nationalen Partei. 35 Jahre NPD – 30 Jahre JN.* Stuttgart: Deutschen Stimme.

Arnim, Hans Herbert v. 1993a. *Der Staat als Beute. Wie Politiker in eigener Sache Gesetze machen.* München: Droemer Knaur.

Arnim, Hans Herbert v. 1993b. *Staat ohne Diener. Was schert die Politiker das Wohl des Volkes?* München: Droemer Knaur.

Arnim, Hans Herbert v. 2000. *Vom schönen Schein der Demokratie. Politik ohne Verantwortung – am Volk vorbei.* München: Droemer Knaur.

Arnim, Hans Herbert v. 2006. *Europa-Komplott. Wie EU-Funktionäre unsere Demokratie verscherbeln.* München: Hanser.

Arnim, Hans Herbert v. 2008. *Die Deutschland-Akte. Was Politiker und Wirtschaftsbosse unserem Land antun.* München: Bertelsmann.

Artam. 1992. Konzept Koppelow. Vorstellung beim Artam-Treffen [1992]. *Artam. Blätter eines Freundeskreises* (107): 20 f.

Bartsch, Günter. 1975. *Revolution von rechts? Ideologie und Organisation der Neuen Rechten.* Freiburg: Herder.

Drescher, Gerhild. 1998. Überbündisches Treffen vom 12.–14.6.1998. *Der Fahrende Gesell. Schrift der Fahrenden Gesellen – Bund für deutsches Leben und Wandern e. V.* 1998 (3): 19–22.

Einheit & Kampf. 1990. Der Aufbau einer nationalistischen Gemeinschaft. *Einheit und Kampf* 1990 (2): 52 f.

Gansel, Jürgen. 2005. Wesen und Wollen der „Dresdner Schule". Erklärung des Landtagsabgeordneten Jürgen Gansel, 3.5.2005. http://www.npd.de/index.php?sek=0&pfad_id=9&cmsint_id=1&detail=291. Zugegriffen: 14. Nov. 2008.

© Springer Fachmedien Wiesbaden 2017
G. Botsch, *Wahre Demokratie und Volksgemeinschaft,* Edition
Rechtsextremismus, DOI 10.1007/978-3-658-14959-8

Gansel, Jürgen. 2006a. Die nationale Achse Dresden – Berlin – Schwerin, 20.9.2008. http://
www.npd.de/index.php?sek=0&pfad_id=9&cmsint_id=1&detail=535.   Zugegriffen:
14. Nov. 2008.

Gansel, Jürgen. 2006b. Der Abschied der Linken von der sozialen Frage. Der Nationalismus wird die Schutzmacht der „kleinen Leute". *Deutsche Stimme* 2006 (12): 19 f.

Gansel, Jürgen. 2007. Der Globalisierungsangriff auf den ländlichen Raum. Sozialräum-
liche Gregensätze gefährden die wirtschaftliche Einheit des Landes, 10.5.2007. www.
npd.de/index.php?sek=0&pfad_id=7&cmsint_id=1&detail=807.   Zugegriffen: 14.
Nov. 2008.

Himmler, Heinrich. 1938. Die Schutzstaffel. In *Grundlagen, Aufbau und Wirtschaftsordnung des nationalsozialistischen Staates. Bd. 1: Die weltanschaulichen, politischen und
staatsrechtlichen Grundlagen des nationalsozialistischen Staates. Gruppe I: Die weltanschaulichen Grundlagen (Lieferung 7b)*, Hrsg. H. H. Lammers und Hans Pfundtner.
Berlin: Industrieverlag Spaeth & Linde.

Junge Freiheit. 2004. „Ziel ist, die BRD abzuwickeln". Der NPD-Vorsitzende Udo Voigt
über den Wahlerfolg seiner Partei und den „Zusammenbruch des liberal-kapitalistischen
Systems ". Interview mit Moritz Schwarz. *Junge Freiheit*, 24. Sept. 2004.

Junge Freiheit. 2005. Steine sammeln für ein neues Leben. *Junge Freiheit* 8. April. 2005.

Junge Nationaldemokraten. o. J. *Die Thesenpapiere der Jungen Nationaldemokraten*. München: ohne Verlagsangaben.

Klartext. 1985. Aussteigen, abkoppeln – überleben! In: *Klartext*, 5 (2): ohne Seitenangaben.

Koellreutter, Otto. 1935. *Volk und Staat in der Weltanschauung des Nationalsozialismus*.
Berlin-Charlottenburg: Pan-Verlagsgesellschaft.

Heidelberger Kreis. 1981. Das Heidelberger Manifest 1981. *Nation Europa* 31 (12): 29.

Politisches Lexikon. 1966. *Teil I: Sachworte A-L, Stichwort: Demokratie (Lieferung 1)*.
Hannover: Schütz.

Politisches Lexikon. 1970. *Teil I: Sachworte A-L, Stichwort: Demokratie (Lieferung 14)*.
Hannover: Schütz.

Politisches Lexikon. 2008. http://www.npd.de/index.php?sek=0&pfad_id=31&seite_id=
30&vid=1331.html. Zugegriffen: 23. Aug. 2008.

Kühnen, Michael. 1979. Die zweite Revolution. Bd. 1: Glaube und Kampf. http://ia600406.
us.archive.org/29/items/Kuehnen-Michael-Die-zweite-Revolution-Band-1/KuehnenMi-
chael-DieZweiteRevolutionBandI-GlaubeUndKampf129S.Text.pdf.   Zugegriffen: 28.
Febr. 2012.

Nachrichten aus der Szene. 1989. zur diskussion. *Nachrichten aus der Szene* 2 (1): 17.

Nationalistische Front. o. J. *Deutscher steh auf! Grundsatzprogramm*. Bielefeld: Nationalistische Front.

Nationalistische Front. 1990. *Nur der organisierte Wille bedeutet Macht. Grundsatzprogramm*. Bielefeld: Nationalistische Front.

Nationalistische Front. 1991. *Unser Welt und Menschenbild. Schulungsblätter*, Bd. 1991, 1.
Aufl. Detmold-Pivitsheide: Nationalistische Front.

NPD. 1964. *Das Manifest der NPD. Grundsätze unserer Politik [Wurfsendung]*. Hannover.

NPD. 1979. *Nationaldemokratisches Manifest. Thesen und Kommentare zu einer neuen
Ordnung*. Profil. Nationaldemokratische Schriftenreihe, Bd. 8. Stuttgart: Deutschen
Stimme.

NPD-Parteipräsidium. 2007. *Mehr Demokratie wagen – Hände weg von der NPD. Eine
demokratiepolitische Entgegnung*. Berlin: ohne Verlagsangaben.

NPD-Parteiprogramm. 1997. *Parteiprogramm der Nationaldemokratischen Partei Deutschlands*, 1. Aufl. Stuttgart: ohne Verlagsangaben.

NPD-Parteiprogramm. 2010. *Arbeit. Familie. Vaterland. Das Parteiprogramm der Nationaldemokratischen Partei Deutschlands (NPD)*. (Beschlossen auf dem Bundesparteitag am 4./5.6.2010 in Bamberg). Berlin: ohne Verlagsangaben.

NPD-Parteivorstand. o. J. a. *Aktionsprogramm für ein besseres Deutschland*. Berlin: ohne Verlagsangaben.

NPD-Parteivorstand. o. J. b. *Klarheit im Denken und Handeln beim Thema „Neue Ordnung"*. Staatspolitisches *Positionspapier des Arbeitskreises „Volk und Staat" beim Parteivorstand der NPD*. Profil. Nationaldemokratische Schriftenreihe, Folge 11. Ohne Orts- und Verlagsangaben.

NPD-Parteivorstand. 1999. Das strategische Konzept der NPD. Grundgedanken. In *„Alles Große steht im Sturm". Tradition und Zukunft einer nationalen Partei*, Hrsg. Holger Apfel, 356–360. Stuttgart: Oberndörfer.

NPD-Parteivorstand. 2002. *Strategische Leitlinien zur politischen Arbeit der NPD. Positionspapier des NPD-Parteivorstands*. Profil. Nationaldemokratische Schriftenreihe, Folge 12. Ohne Orts- und Verlagsangaben.

NPD-Parteivorstand. 2004. *Europa-Programm. Europa wählt national. Deutschland wählt NPD – Die Nationalen*. Berlin: ohne Verlagsangaben.

NPD-Parteivorstand. 2006a. *Grundlagen einer nationaldemokratischen Volkswirtschaftslehre. Raumorientierte Volkswirtschaft statt „Basar-Ökonomie". Positionspapier des Arbeitskreises Wirtschaftspolitik beim NPD-Parteivorstand, Berlin*. Profil. Nationaldemokratische Schriftenreihe, Folge 13. Ohne Orts- und Verlagsangaben.

NPD-Parteivorstand. 2006b. *Argumente für Kandidaten & Funktionsträger. Eine Handreichung für die öffentliche Auseinandersetzung*. Berlin: ohne Verlagsangaben.

NPD-Parteivorstand. 2008. *Schweigespirale durchbrechen! Erfolgreiche nationale Wortergreifungen durchführen*. Berlin: ohne Verlagsangaben.

Reinhardt, Fritz. 1938. Vom Wesen der Volksgemeinschaft. In *Grundlagen, Aufbau und Wirtschaftsordnung des nationalsozialistischen Staates. Erster Band: Die weltanschaulichen, politischen und staatsrechtlichen Grundlagen des nationalsozialistischen Staates. Gruppe I: Die weltanschaulichen Grundlagen (Lieferung 8)*, Hrsg. H. H. Lammers und Hans Pfundtner. Berlin: Industrieverlag Spaeth & Linde.

Rohlinger, Rudolf, und Wolfgang Ross. 1969. Interview. In *Zur Wahl gestellt. CDU/CSU – SPD – FDP – NPD – DKP – SDS*. Hrsg. Günter Gaus, 85–99. Reinbek: rororo.

Schimmer, Arne. 2006. Der Teufelskreis „Schrumpfung – Konkurrenzfähigkeit – Schrumpfung", hier & jetzt, zitiert nach www.sachsenpublizistik.de/lb_derteufelskreis.htm. Zugegriffen: 13. März 2007.

Schoeps, Hans Joachim. 1953. *Kommt die Monarchie? Wege zu neuer Ordnung im Massenzeitalter*. Ulm: Deutsch-europäische Verlagsgesellschaft.

Schwab, Jügen. 2002. *Volksstaat statt Weltherrschaft. Das Volk – Maß aller Dinge*. Tübingen: Hohenrain.

Thadden, Adolf von. 1990. Die Entwicklung der Nationalen Rechten nach 1945. In *Kongress-Protokoll 1989. Das Ende der Nachkriegszeit*, Hrsg. Gesellschaft für freie Publizistik e. V. Inning: Verlagsgemeinschaft Berg.

Volkmar. 2005. Die Hutterer. *na klar! Natur – Kultur – Jugend* 2005 (103): 20.

Vorderste Front. 1991. Revolutionärer Weg konkret: Schafft Befreite Zonen. *Vorderste Front. Zeitschrift für politische Theorie & Strategie* 1991 (2):4–7.

Vorsatz, Karl-Heinz. 1978. *Briefe für eine neue Ordnung. Ein Manuskript.* Bremen: ohne Verlagsangaben.

Waldstein, Thor von. 1984. Der NHB – die Speerspitze. In *20 Jahre NPD. Porträt einer jungen Partei,* Hrsg. Gerd Knabe, 66. Knüllwald-Nausis: Winkelberg.

Waldstein, Thor von. 2008. *Der Beutewert des Staates. Carl Schmitt und der Pluralismus.* Graz: Ares.

Weißmann, Karlheinz. 1991. *Schwarze Fahnen, Runenzeichen. Die Entwicklung der politischen Symbolik der deutschen Rechten zwischen 1890 und 1945.* Düsseldorf: Droste.

Wiking Jugend. o. D. *Wiking Jugend. Idee und Gestalt* (ca. 1954).

Willig, Angelika. 2008. NS-Nostalgie. hier & jetzt 2008 (12), Winter 2008. http://www.sachsenpublizistik.de/inhalt_detail-23-1.html. Zugegriffen: 7. Nov. 2008.

Literatur

Aly, Götz. 2006. *Hitlers Volksstaat. Raub, Rassenkrieg und nationaler Sozialismus.* Frankfurt a. M.: Fischer.

Arzheimer, Kai. 2008. *Die Wähler der extremen Rechten 1980–2002.* Wiesbaden: Springer VS.

Assheuer, Thomas, und Hans Sarkowicz. 1992. *Rechtsradikale in Deutschland. Die alte und die neue Rechte,* 2. Aufl. [d. Aufl. v. 1990]. München: Beck.

Aust, Stefan, und Dirk Laabs. 2014. *Heimatschutz. Der Staat und die Mordserie des NSU.* München: Pantheon.

Aydt, Frank. 2004. Grenzgänger zwischen Alter und Neuer Rechter. Sprache und Ideologie Horst Mahlers am Beispiel seiner Propaganda im Internet. *Die neue Rechte. Eine Gefahr für die Demokratie?,* Hrsg. Wolfgang Gessenharter und Thomas Pfeiffer, 107–116. Wiesbaden: Springer VS.

Backes, Uwe, Hrsg. 2003. *Rechtsextreme Ideologien in Geschichte und Gegenwart.* Schriften des Hannah-Arendt-Instituts für Totalitarismusforschung, Bd. 23. Köln: Böhlau.

Backes, Uwe, und Eckhard Jesse. 1989. *Politischer Extremismus in der Bundesrepublik Deutschland,* Bd. 3. Köln: Verlag Wissenschaft & Politik.

Backes, Uwe, und Henrik Steglich, Hrsg. 2007. *Die NPD. Erfolgsbedingungen einer rechtsextremistischen Partei.* Baden-Baden: Nomos.

Bade, Klaus J., Pieter C. Emmer, Leo Lucassen, und Jochen Oltmer, Hrsg. 2007. *Enzyklopädie Migration in Europa. Vom 17. Jahrhundert bis zur Gegenwart.* Paderborn: Schöningh.

Bajohr, Frank, und Michael Wildt, Hrsg. 2009. *Volksgemeinschaft. Neue Forschungen zur Gesellschaft des Nationalsozialismus.* Frankfurt a. M.: Fischer.

Bebnowski, David. 2015. *Die Alternative für Deutschland. Aufstieg und gesellschaftliche Repräsentanz einer rechten populistischen Partei.* Wiesbaden: Springer VS.

Begrich, David. 2011. Die Volksgemeinschaft. Ein rechtsextremes Gesellschaftskonzept. In *Hintergründe. Neonazismus und Demokratiefeindlichkeit in Sachsen-Anhalt,* Hrsg. Miteinander e. V. und Arbeitsstelle Rechtsextremismus, 82–89. Magdeburg: ohne Verlagsangaben.

Beier, Katharina, Jenny Bogitzky, Hubertus Buchstein, Katharina Feike, Benjamin Fischer, Pierre Freyber, Mathias Strüwing, und Tim Wiedemann. 2006. *Die NPD in den kommunalen Parlamenten Mecklenburg-Vorpommerns.* Greifswald: Steinbecker.

© Springer Fachmedien Wiesbaden 2017
G. Botsch, *Wahre Demokratie und Volksgemeinschaft,* Edition Rechtsextremismus, DOI 10.1007/978-3-658-14959-8

Benz, Wolfgang. 2005. Antisemitismus im rechtsextremen Spektrum. *Jahrbuch für Antisemitismusforschung* 14:61–72.

Bergsdorf, Harald. 2007. *Die neue NPD. Antidemokraten im Aufwind.* München: Olzog.

Bernsdorf, Wilhelm. 1979. *Wörterbuch der Soziologie*, Bd. 2. Frankfurt a. M.: Fischer Taschenbuch.

Beyme, Klaus. 1966. Demokratie. In *Sowjetsystem und demokratische Gesellschaft. Eine vergleichende Enzyklopädie. Bd. 1: Abbildtheorie bis Diktatur des Proletariats*, Hrsg. Claus D. Kernig, 1111–1158. Freiburg: Herder.

Beyme, Klaus v. 2013. *Konservatismus. Theorien des Konservatismus und Rechtsextremismus im Zeitalter der Ideologien 1789–1945.* Wiesbaden: Springer VS.

Bien, Günther, und Hans Maier. 1972. Demokratie. In *Historisches Wörterbuch der Philosophie. Völlig neubearbeitete Ausgabe des „Wörterbuchs der Philosophischen Begriffe" von Rudolf Eisler. Bd. 2: D-F*, Hrsg. Joachim Ritter, 50–55. Basel: Schwabe.

Bobbio, Norberto. 1994. *Rechts und links. Gründe einer politischen Unterscheidung.* Berlin: Wagenbach.

Bonn, Moritz Julius. 1925. *Die Krisis der europäischen Demokratie.* München: Meyer & Jessen.

Botsch, Gideon. 2009. Die extreme Rechte als „nationales Lager". „Versäulung" im lebensweltlichen Milieu oder Marsch in die Mitte der Gesellschaft? In *Die Grenzen der Toleranz. Rechtsextremes Milieu und demokratische Gesellschaft in Brandenburg. Bilanz und Perspektiven*, Hrsg. Christoph Kopke, 57–81. Potsdam: Universitätsverlag.

Botsch, Gideon. 2011a. Parteipolitische Kontinuitäten der „Nationalen Opposition". Von der Deutschen Reichspartei zur Nationaldemokratischen Partei Deutschlands. *Zeitschrift für Geschichtswissenschaft* 59:113–137.

Botsch, Gideon. 2011b. Die historisch-fiktionale Gegenerzählung des radikalen Nationalismus. Über den rechtsextremen Zugriff auf die deutsche Geschichte. *Jahrbuch für Politik und Geschichte* 2:27–40.

Botsch, Gideon. 2012a. *Die extreme Rechte in der Bundesrepublik Deutschland. 1949 bis heute.* Darmstadt: Wissenschaftliche Buchgesellschaft.

Botsch, Gideon. 2012b. From skinhead subculture to radical right movement: The development of a ‚National Opposition' in East Germany. *Contemporary European History* 21 (4): 553–573.

Botsch, Gideon. 2014. „Nur der Freiheit…"? Jugendbewegung und Nationale Opposition. In *Jugendbewegung, Antisemitismus und rechtsradikale Politik. Vom „Freideutschen Jugendtag" bis zur Gegenwart*, Hrsg. Gideon Botsch und Josef Haverkamp, 242–261. Berlin: De Gruyter.

Botsch, Gideon. 2015. Wie viel Ideologie braucht der Rechtsextremismus? Plädoyer für eine praxeologische Perspektive. *Interventionen. Zeitschrift für Verantwortungspädagogik. Im Zeitalter der Ideologie? Attraktivität – Wirkung – Herausforderung.* 2015 (6): 32–37.

Botsch, Gideon. 2016a. „Nationale Opposition" in der demokratischen Gesellschaft. Zur Geschichte der extremen Rechten in der Bundesrepublik. In *Handbuch Rechtsextremismus. Bd. 1: Analysen (Edition Rechtsextremismus)*, Hrsg. Fabian Virchow, Martin Langebach und Alexander Häusler, 242–261. Wiesbaden: Springer VS.

Botsch, Gideon. 2016b. Fiktionen gegen Fakten. Zum Umgang der extremen Rechten mit Geschichte. In *„Opa war in Ordnung!" Erinnerungspolitik der extremen Rechten*, Hrsg.

Hans-Peter Killguss und Martin Langebach, 52–65. Köln: NS-Dokumentationszentrum der Stadt Köln.

Botsch, Gideon. 2016c. Populismus plus Programm: Das Dilemma der AfD. *Blätter für deutsche und internationale Politik* 61 (6): 9–12.

Botsch, Gideon. 2016d. Zwischen Tradition und Rezeption. Völkische Jugendbünde und nationalistische Jugendverbände in der Bundesrepublik. In *Grauzone. Das Verhältnis zwischen bündischer Jugend und Nationalsozialismus. Beiträge der Tagung im Germanischen Nationalmuseum*, Hrsg. Claudia Selheim und Alexander Schmidt. Nürnberg: Verlag des Germanischen Nationalmuseums.

Botsch, Gideon, und Christoph Kopke. 2008. „Raumorientierte Volkswirtschaft" und „nationale Solidarität". Zur wirtschafts- und sozialpolitischen Programmatik und Propaganda der NPD und ihres neo-nationalsozialistischen Umfelds. *Bulletin für Faschismus- und Weltkriegsforschung* 2008 (31/32): 50–71.

Botsch, Gideon, und Christoph Kopke. 2009. *Die NPD und ihr Milieu. Studien und Berichte*. Münster: Klemm & Oelschläger.

Botsch, Gideon, und Christoph Kopke. 2012. Artenschutz für das Volk. Sozial-ökologische Problemlagen im rechtsextremen Denken. *politische ökologie* 12 (131): 46–51.

Botsch, Gideon, und Christoph Kopke. 2013. „National solidarity – no to globalization". The economic and sociopolitical platform of the National Democratic Party of Germany (NPD). In *Nationalists without borders? Transatlantic perspectives on right-wing extremism*, Hrsg. Timothy W. McCarty und Sabine v Mering, 37–59. New York: Routledge.

Botsch, Gideon, und Christoph Kopke. 2014. Die sozial- und wirtschaftspolitischen Vorstellungen der NPD. Ein Beitrag zur Erörterung ihrer Wesensverwandtschaft mit dem Nationalsozialismus. *Jahrbuch Extremismus und Terrorismusforschung* 2014 (1): 138–172.

Botsch, Gideon, und Christoph Kopke. 2016. Kontinuität des Antisemitismus: Israel im Blick der extremen Rechten. In *Deutschland, die Juden und der Staat Israel. Eine politische Bestandsaufnahme*, Hrsg. Olaf Glöckner und Julius H. Schoeps. Hildesheim: Olms.

Botsch, Gideon, Christoph Kopke, und Fabian Virchow. 2013. Verbote extrem rechter Vereinigungen in der Bundesrepublik Deutschland. In *Rechtsextremismus in Europa: Länderanalysen, Gegenstrategien und arbeitsmarktorientierte Ausstiegsarbeit*, Hrsg. Ralf Melzer und Sebastian Serafin, 273–296. Berlin: Friedrich-Ebert-Stiftung.

Bott, Hermann. 1969. *Die Volksfeind-Ideologie. Zur Kritik rechtsradikaler Propaganda*. Stuttgart: Deutsche Verlags-Anstalt.

Brandstetter, Marc. 2006a. *Die NPD im 21. Jahrhundert. Eine Analyse ihrer aktuellen Situation, ihrer Erfolgsbedingungen und Aussichten*. Marburg:Tectum.

Brandstetter, Marc. 2006b. Die vier Säulen der NPD. *Blätter für deutsche und internationale Politik* 51:1029–1031.

Brandstetter, Marc. 2013. *Die NPD unter Udo Voigt. Organisation. Ideologie. Strategie*. Baden-Baden: Nomos.

Braun, Stephan, und Ute Vogt, Hrsg. 2007. *Die Wochenzeitung „Junge Freiheit". Kritische Analysen zu Programmatik, Inhalten, Autoren und Kunden*. Wiesbaden: Springer VS.

Braune, Sven, Christian Demuth, Norbert Hanisch, Josephine Koch, Barbara Schmidt, und Alexander Wendland. 2007. Die Politik der NPD in den Kommunalvertretungen

Sachsens. In *Die NPD. Erfolgdbedingungen einer rechtsextremistischen Partei*, Hrsg. Uwe Backes und Henrik Steglich, 175–207. Baden-Baden: Nomos.

Brech, Franziska. 2007. Die NPD-Fraktion im Sächsischen Landtag. Eine Analyse zur ersten Hälfte der 4. Legislaturperiode. In *Die NPD. Erfolgdbedingungen einer rechtsextremistischen Partei*, Hrsg. Uwe Backes und Henrik Steglich, 167–174. Baden-Baden: Nomos.

Breuer, Stefan. 2001. *Ordnungen der Ungleichheit. Die deutsche Rechte im Widerstreit ihrer Ideen 1871–1945*. Darmstadt: Wissenschaftliche Buchgesellschaft.

Breuer, Stefan. 2008. *Die Völkischen in Deutschland. Kaiserreich und Weimarer Republik*. Darmstadt: Wissenschaftliche Buchgesellschaft.

Breuer, Stefan. 2010. *Die radikale Rechte in Deutschland 1871–1945. Eine politische Ideengeschichte*. Stuttgart: Reclam.

Bröder, Friedrich J. 1969. *Ein Sprachrohr des Rechtsradikalismus. Die Deutschen Nachrichten. Eine Studie zur Propagandatechnik und -methode*. Mainz: Hase & Köhler.

Brodkorb, Matthias und Volker Schlotmann. 2008. *Provokation als Prinzip. Die NPD im Landtag von Mecklenburg-Vorpommern*. Schwerin: Adebor.

Bruendel, Steffen. 2003. *Volksgemeinschaft oder Volksstaat. Die „Ideen von 1914" und die Neuordnung Deutschlands im Ersten Weltkrieg*. Berlin: Akademie.

Buchstein, Hubertus, und Benjamin Fischer. 2007a. NPD-Mandatsträger in Kommunalparlamenten – Erfahrungen aus dem Nachbarland Mecklenburg-Vorpommern. In *Rechtsextremismus in Brandenburg. Handbuch für Analyse, Prävention und Intervention*, Hrsg. Julius Schoeps et al. 255–260. Berlin: Verlag Berlin-Brandenburg.

Buchstein, Hubertus, und Benjamin Fischer. 2007b. Die NPD in den kommunalen Parlamenten Mecklenburg-Vorpommerns. In *Die NPD. Erfolgsbedingungen einer rechtsextremistischen Partei*, Hrsg. Uwe Backes und Henrik Steglich, 143–166. Baden-Baden: Nomos.

Bugiel, Britta. 2002. *Rechtsextremismus Jugendlicher in der DDR und in den neuen Bundesländern von 1982–1998*. Münster: LIT.

Bündnis 90/Die Grünen Fraktion im Sächsischen Landtag, Hrsg. 2006. *Die NPD-Fraktion im Sächsischen Landtag. Strategie und Ideologie. Dokumentation eines Fachgesprächs der Fraktion Bündnis 90/Die Grünen im Sächsischen Landtag am 24. Mai 2006*. Dresden: Bündnis 90/Die Grünen Fraktion im Sächsischen Landtag.

Büsch, Otto, und Peter Furth. 1957. *Rechtsradikalismus im Nachkriegsdeutschland. Studien über die „Sozialistische Reichspartei" (SRP)*. Berlin: Vahlen.

Bundesamt für Verfassungsschutz. 2004. *Aktuelle Entwicklung der „Nationaldemokratischen Partei Deutschlands" (NPD) und ihr Verhältnis zu den Neonazis*. Köln: ohne Verlagsangaben.

Bundesamt für Verfassungsschutz. 2006. *Die „Nationaldemokratische Partei Deutschlands" (NPD) als Gravitationsfeld im Rechtsextremismus*. Köln: ohne Verlagsangaben.

Bundesrat. 2013. Antrag nach Art. 21. Abs. 2 GG i.V.m. §§ 13 Nr. 2, 43 ff. Bundesverfassungsgericht. https://www.bundesrat.de/DE/plenum/themen/npd-verbot/npd-verbot.html. Zugegriffen: 16. März 2016.

Bundesverfassungsgericht. 1952. Das Urteil des Bundesverfassungsgerichts vom 23. Oktober 1952 betreffend Feststellung der Verfassungswidrigkeit der Sozialistischen Reichspartei. Hrsg. von den Mitgliedern des Bundesverfassungsgerichts. Tübingen: Mohr.

Buschke, Heiko. 2003. *Deutsche Presse, Rechtsextremismus und nationalsozialistische Vergangenheit in der Ära Adenauer*. Frankfurt a. M.: Campus.

Christians, Georg. 1990. *„Die Reihen fest geschlossen"*. *Die FAP – Zu Anatomie und Umfeld einer militant-neofaschistischen Partei in den 80er Jahren*. Marburg: Arbeit & Gesellschaft.

Clausen, Lars, und Carsten Schlüter, Hrsg. 1991. *Hundert Jahre „Gemeinschaft und Gesellschaft"*. *Ferdinand Tönnies in der internationalen Diskussion*. Opladen: Leske & Budrich.

Clausewitz, Carl. 1998. *Vom Kriege*. *Ungekürzter Text*. Augsburg: Weltbild. (zuerst 1832–1834).

Dahrendorf, Ralf. 1968. *Gesellschaft und Demokratie in Deutschland*. München: Piper.

Decker, Oliver, und Elmar Brähler. 2006. *Vom Rand zur Mitte. Rechtsextreme Einstellungen und ihre Einflussfaktoren in Deutschland*. Unter Mitarbeit v. Norman Geißler. Berlin: Friedrich-Ebert-Stiftung.

Döring, Uta. 2008. *Angstzonen. Rechtsdominierte Orte aus medialer und lokaler Perspektive*. Wiesbaden: Springer VS.

Dornbusch, Christian, und Jan Raabe, Hrsg. 2002. *RechtsRock. Bestandsaufnahme und Gegenstrategien*. Münster: Unrast.

Druwe, Ulrich 1996. „Rechtsextremismus". Methodologische Bemerkungen zu einem politikwissenschaftlichen Begriff. Unter Mitarbeit v. Susanne Mantino. In *Rechtsextremismus. Ergebnisse und Perspektiven der Forschung Falter*. PVS-Sonderheft 27, Hrsg. W. Jürgen, Hans-Gerd Jaschke und Jürgen R. Winkler, 66–80. Opladen: Westdeutscher Verlag

Dudek, Peter. 1985. *Jugendliche Rechtsextremisten. Zwischen Hakenkreuz und Odalsrune 1945 bis heute*. Köln: Bund.

Dudek, Peter, und Hans-Gerd Jaschke. 1984. *Entstehung und Entwicklung des Rechtsextremismus in der Bundesrepublik. Zur Tradition einer besonderen politischen Kultur,* Bd. 2, Opladen: Westdeutscher Verlag.

Erb, Rainer. 2006. Protestorganisation und Eventmanagement: Der Typus des rechtsextremen Bewegungsunternehmers. In *Moderner Rechtsextremismus in Deutschland,* Hrsg. Andreas Klärner und Michael Kohlstruck, 142–176. Hamburg: Hamburger Edition.

Erb, Rainer, und Andreas Klärner. 2005. Antisemitismus zur weltgeschichtlichen Sinnstiftung. Horst Mahler vor Gericht. *Jahrbuch für Antisemitismusforschung* 14:111–134.

Fascher, Eckhard. 1994. *Modernisierter Rechtsextremismus? Ein Vergleich der Parteigründungsprozesse der NPD und der Republikaner in den sechziger und achtziger Jahren*. Berlin: Dr. Köster.

Feit, Margret. 1987. *Die „Neue Rechte" in der Bundesrepublik. Organisation – Ideologie – Strategie*. Frankfurt a. M.: Campus.

Flechtheim, Ossip K. Hrsg. 1963. *Dokumente zur parteipolitischen Entwicklung in Deutschland seit 1945. Bd. 2: Programmatik der deutschen Parteien. Erster Teil.* Berlin: Dokumenten-Verlag Dr. Heribert Wendler & Co.

Fraenkel, Ernst. 2007. Gesammelte Schriften, hrsg. Alexander v. Brünneck/Hubertus Buchstein/Gerhard Göhler. Bd. 5: Demokratie und Pluralismus. Hrsg. v. Alexander v. Brünneck. Baden-Baden: Nomos: 283-296.

Friedrich-Ebert-Stiftung. 2006. *Neue Entwicklung des Rechtsextremismus: Internationalisierung und Entdeckung der sozialen Frage.* *Konferenz der Friedrich-Ebert-Stiftung am 9. Dezember 2005.* Berlin: Friedrich-Ebert-Stiftung.

Frederik, Hans. o. J. *Die Rechtsradikalen.* München-Inning: Humboldt.

Frei, Norbert. 1999. *Vergangenheitspolitik. Die Anfänge der Bundesrepublik und die NS-Vergangenheit.* Beck: München.

Frei, Norbert. 2005. „Volksgemeinschaft". Erfahrungsgeschichte und Lebenswirklichkeit der Hitler-Zeit. In *1945 und wir. Das Dritte Reich im Bewußtsein der Deutschen,* Hrsg. Norbert Frei, 107–128. München: Beck.

Fröhlich, Claudia. 2006. *„Wider die Tabuisierung des Ungehorsams".* *Fritz Bauers Widerstandsbegriff und die Aufarbeitung der NS-Verbrechen.* Frankfurt a. M.: Campus.

Fröhlich-Steffen, Susanne, und Lars Rensmann. 2005. Populistische Regierungsparteien in Ost- und Westeuropa: Vergleichende Perspektiven der politikwissenschaftlichen Forschung. In *Populisten an der Macht. Populistische Regierungsparteien in West- und Osteuropa,* Hrsg. Susanne Fröhlich-Steffen und Lars Rensmann, 3–34. Wien: Braumüller.

Funke, Hajo. 1989. *„Republikaner". Rassismus, Judenfeindschaft, nationaler Größenwahn. Zu den Potentialen der Rechtsextremen am Beispiel der „Republikaner".* Braunschweig: Aktion Sühnezeichen Friedensdienste.

Furth, Peter. 1957. Ideologie und Propaganda der SRP. In *Rechtsradikalismus im Nachkriegsdeutschland. Studien über die „Sozialistische Reichspartei" (SRP),* Hrsg. Otto Büsch und Peter Furth. Berlin: Franz Vahlen.

Gebhardt, Richard, und Dominik Clemens, Hrsg. 2009. *Volksgemeinschaft statt Kapitalismus? Zur sozialen Demagogie der Neonazis.* Köln: PappyRossa.

Genzmer, Felix 1923. Demokratie. In *Politisches Handwörterbuch, Bd. 1,* Hrsg. Paul Herre unter redaktioneller Mitwirkung von Kurt Jagow, 347–349. Leipzig: Koehler.

Gerlach, Julia. 2007. Auswirkungen der Verbote rechtsextremistischer Vereine auf die NPD. In *Die NPD. Erfolgsbedingungen einer rechtsextremistischen Partei,* Hrsg. Henrik Steglich und Uwe Backes, 233–260. Baden-Baden: Nomos.

Gessenharter, Wolfgang. 2007. Der Schmittismus der „Jungen Freiheit" und seine Unvereinbarkeit mit dem Grundgesetz. In *Die Wochenzeitung „Junge Freiheit": Kritische Analysen zu Programmatik, Inhalten, Autoren und Kunden,* Hrsg. Stephan Braun und Ute Vogt, 77–94. Wiesbaden: Springer VS.

Gessenharter, Wolfgang, und Thomas Pfeiffer, Hrsg. 2004. *Die Neue Rechte – eine Gefahr für die Demokratie?* Wiesbaden: Springer VS.

Gnad, Oliver. 2005a. Sozialistische Reichspartei. In *Handbuch zur Statistik der Parlamente und Parteien in den westlichen Besatzungszonen und in der Bundesrepublik Deutschland. Teilband III: FDP sowie kleinere bürgerliche und rechte Parteien. Mitgliedschaft und Sozialstruktur 1945–1990,* Hrsg. Marie-Luise Recker und Klaus Tenfelde, 353–473. Düsseldorf: Droste.

Gnad, Oliver. 2005b. Deutsche Reichspartei. In *Handbuch zur Statistik der Parlamente und Parteien in den westlichen Besatzungszonen und in der Bundesrepublik Deutschland. FDP sowie kleinere burgerliche und rechte Parteien. Mitgliedschaft und Sozialestruktur 1945–1990,* Hrsg. Marie-Luise Recker und Klaus Tenfelde, 475–590. Düsseldorf: Droste.

Gnad, Oliver. 2005c. Nationaldemokratische Partei Deutschlands. In *Handbuch zur Statistik der Parlamente und Parteien in den westlichen Besatzungszonen und in der Bundesrepublik Deutschland. Teilband III: FDP sowie kleinere bürgerliche und rechte*

Parteien. Mitgliedschaft und Sozialstruktur 1945–1990, Hrsg. Marie-Luise Recke und Klaus Tenfelde, 591–702. Düsseldorf: Droste.

Götz, Wolfgang. 1966. Zur geistigen Auseinandersetzung mit dem Rechtsradikalismus. In *National oder radikal? Der Rechtsradikalismus in der Bundesrepublik Deutschland*, Hrsg. Lorenz Bessel-Lorck, Heinrich Sippel und Wolfgang Götz, 91–171. Mainz: Hase & Koehler.

Grebing, Helga. 1971. *Konservative gegen die Demokratie. Konservative Kritik an der Demokratie in der Bundesrepublik Deutschland*. Frankfurt a. M.: Europäische Verlagsanstalt.

Grumke, Thomas, und Bernd Wagner, Hrsg. 2002. *Handbuch Rechtsradikalismus. Personen – Organisationen – Netzwerke vom Neonazismus bis in die Mitte der Gesellschaft*. Opladen: Leske & Budrich.

Häusler, Alexander. 2016. Die AfD – eine rechtspopulistische „Bewegungspartei"? In *Neue soziale Bewegung von rechts? Zukunftsängste – Abstieg der Mitte – Ressentiments. Eine Flugschrift*, Hrsg. Alexander Häusler und Fabian Virchow, 42–51. Hamburg: VSA-Verlag.

Hafeneger, Benno, und Sven Schönfelder. 2007. *Politische Strategien gegen die extreme Rechte in Parlamenten. Folgen für kommunale Politik und lokale Demokratie. Eine qualitative Studie im Auftrag der Friedrich-Ebert-Stiftung*. Berlin: Friedrich-Ebert-Stiftung.

Hansen, Henning. 2007. *Die Sozialistische Reichspartei (SRP). Aufstieg und Scheitern einer rechtsextremen Partei*. Beiträge zur Geschichte des Parlamentarismus und der politischen Parteien, Bd. 148. Düsseldorf: Droste.

Harnischmacher, Robert, Hrsg. 1993. *Angriff von Rechts. Rechtsextremismus und Neonazismus unter Jugendlichen Ostberlins. Beiträge zur Analyse und Vorschläge zu Gegenmaßnahmen*. Rostock: Hanseatischer Fachverlag für Wirtschaft.

Hartung, Günter. 1983. Nationalsozialistische Kampflieder. In *Literatur und Ästhetik des deutschen Faschismus. Drei Studien*, Hrsg. Günter Hartung, 199–253. Berlin: Akademie.

Hasbach, Wilhelm. 1912. *Die moderne Demokratie. Eine politische Beschreibung*. Jena: Fischer.

Heiler, Kurt. 2009. „Linke Leute von rechts". Anmerkungen zur Karriere eines politischen Kampfbegriffs. In *Volksgemeinschaft statt Kapitalismus?: zur sozialen Demagogie der Neonazis* Hrsg. Paul H. Gebhardt und Andrew Clemen, 17–40. Köln: PapyRossa Verlag.

Heinrich Böll Stiftung. 2012. *Braune Ökologen. Hintergründe und Strukturen am Beispiel Mecklenburg-Vorpommerns*. Rostock: Heinrich Böll Stiftung.

Heitmeyer, Wilhelm. 2002. Gruppenbezogene Menschenfeindlichkeit. Die theoretische Konzeption und erste empirische Ergebnisse. In *Deutsche Zustände*. Folge 1, Hrsg. Wilhelm Heitmeyer, 15–34. Frankfurt a. M.: Suhrkamp.

Hoffmann, Uwe. 1999. *Die NPD. Entwicklung, Ideologie und Struktur*. Frankfurt a. M.: Lang.

Jaschke, Hans-Gerd. 1993. *Die „Republikaner". Profile einer Rechtsaußen-Partei*. Bonn: J. H. W. Dietz Nachf.

Jaschke, Hans-Gerd. 2001. *Rechtsextremismus und Fremdenfeindlichkeit. Begriffe – Positionen – Praxisfelder*. Wiesbaden: Westdeutscher Verlag.

Jenke, Manfred. 1961. *Verschwörung von rechts? Ein Bericht über den Rechtsradikalismus in Deutschland nach 1945*. Berlin: Colloquium.

Jenke, Manfred. 1967. *Die nationale Rechte. Parteien – Politiker – Publizisten.* Berlin: Colloquium.

Jerusalem, Franz W. 1947. *Demokratie – richtig gesehen.* Frankfurt a. M.: Knecht.

Jesse, Eckhard. 2001. Biographisches Porträt: Horst Mahler. *Jahrbuch Extremismus & Demokratie* 13:183–199.

Jesse, Eckhard. 2003. Von der Linken lernen? – Vier rechtsextremistische Intellektuelle im Vergleich. In *Rechtsextreme Ideologien in Geschichte und Gegenwart,* Hrsg. Uwe Backes, 261–288. Köln: Frank Cass.

Jesse, Eckhard. 2006. Biographisches Porträt: Udo Voigt. *Jahrbuch Extremismus & Demokratie* 18:207–219.

Kailitz, Steffen. 2007a. Das nationalsozialistische Vertreibungs- und Nationalisierungsprogramm der NPD. *Politische Studien Themenheft* 2007 (1): 44–53.

Kailitz, Steffen. 2007b. Die nationalsozialistische Ideologie der NPD. In *Die NPD. Erfolgsbedingungen einer rechtsextremistischen Partei,* Hrsg. Uwe Backes und Henrik Steglich, 337–353. Baden-Baden: Nomos.

Kaltefleiter, Werner. 1966. *Wirtschaft und Politik in Deutschland. Konjunktur als Bestimmungsfaktor des Parteiensystems.* Köln: Westdeutscher Verlag.

Kershaw, Ian. 2011. „Volksgemeinschaft". Potenzial und Grenzen eines neuen Forschungskonzepts. *Vierteljahrshefte für Zeitgeschichte* 59 (1): 1–17.

Kieserling, Manfred. 1991. Zur Psychologie der Republikaner. In *Die Republikaner im Schatten Deutschlands. Zur Organisation der mentalen Provinz,* Hrsg. Eike Hennig, 24–57. Frankfurt a. M.: Suhrkamp.

Kirchheimer, Otto. 1967. Wandlungen der politischen Opposition. In *Parlamentarismus,* Hrsg. Kurt Kluxen, 410–424. Köln: Kiepenheuer & Witsch.

Kitschelt, Herbert, und Anthony Mc Gann. 1995. *The Radical right in western europe. A comparative analysis.* Ann Arbor: Michigan University Press.

Klärner, Andreas. 2008. *Zwischen Militanz und Bürgerlichkeit. Selbstverständnis und Praxis der extremen Rechten.* Hamburg: Hamburger Edition.

Klärner, Andreas, und Michael Kohlstruck, Hrsg. 2006. *Moderner Rechtsextremismus in Deutschland.* Hamburg: Hamburger Edition.

König, René. 1955. Die Begriffe Gemeinschaft und Gesellschaft bei Ferdinand Tönnies. *Kölner Zeitschrift für Soziologie und Sozialpsychologie* 7:348–420.

Kohl, Heribert. 1967. Die „Deutschen Nachrichten". Eine politologisch-soziologische Analyse des publizistischen Organs der NPD. *Politische Vierteljahresschrift* 8:272–292.

Kohl, Heribert. 1970. Pluralismuskritik in der Bundesrepublik. Zur Pluralismus-Debatte. *Aus Politik und Zeitgeschichte* 12 (70): 1–40.

Kopke, Christoph. 2007. Die „nationale Bewegung" in Brandenburg. Rechtsextreme Parteien, Wahlvereine, Verbände und Vereinigungen seit 1990. Ein Überblick. In *Rechtsextremismus in Brandenburg. Handbuch für Analyse, Prävention und Intervention.* Hrsg. Gideon Schoeps, Gideon Botsch, Christoph Kopke und Lars Rensmann, 69–89. Berlin: Verlag fur Berlin-Brandenburg.

Kopke, Christoph. 2008. Steht die NPD in der Tradition der NSDAP? In *88 Fragen und Antworten zur NPD. Weltanschauung, Strategie und Auftreten einer Rechtspartei – und was Demokraten dagegen tun können,* Hrsg. Fabian Virchow und Christian Dornbusch, 36–38. Schwalbach: Wochenschau-Verlag.

Kopke, Christoph. 2009. Die NPD in Baden-Württemberg und ihre Fraktion im Stuttgarter Landtag 1968–1972. In *Ulm – die KZ-Gedenkstätte und der Nationalsozialismus. Festschrift zur Verabschiedung von Silvester Lechner in den Ruhestand*, Hrsg. Dokumentationszentrum Oberer Kuhberg Ulm e. V., 73–85. Ulm: Klemm & Oelschläger.

Kopke, Christoph. 2010. Die Aktion Widerstand 1970/71. Die „nationale Opposition" zwischen Sammlung und Zersplitterung. In *Die 1970er Jahre als schwarzes Jahrzehnt. Politisierung und Mobilisierung zwischen christlicher Demokratie und extremer Rechter*, Hrsg. Massimiliano Livi, Daniel Schmidt und Michael Sturm, 249–262. Frankfurt a. M.: Campus.

Kopke, Christoph. 2014. „Signal im Kampf gegen den organisierten Rechtsextremismus". Die Verbotsverfahren gegen rechtsextreme Vereine im Land Brandenburg. In *Angriffe auf die Erinnerung an die nationalsozialistischen Verbrechen. Rechtsextremismus in Brandenburg und die Gedenkstätte Sachsenhausen*, Hrsg. Christoph Kopke, 120–133. Berlin: Metropol.

Koselleck, Reinhart, Fritz Gschnitzer, Karl Ferdinand Werner, und Bernd Schönemann. 1992. Volk, Nation, Nationalismus, Masse. In *Geschichtliche Grundbegriffe. Historisches Lexikon zur politisch-sozialen Sprache in Deutschland. Bd. 7: Verw-Z*, Hrsg. Otto Brunner, Werner Conze, und Reinhart Koselleck, 141–431. Stuttgart: Klett-Cotta.

Krüger, Daniel. 2012. Völkische Ideen und Inszenierungen aus dem Spreewald. Das Internet-Projekt spreelichter.info. In *Einblicke IV. Ein Werkstattbuch*, Hrsg. Dirk Wilking und Michael Kohlstruck, 51–80. Potsdam: Demos – Brandenburgisches Institut für Gemeinwesenberatung.

Kühnl, Reinhard, Rainer Rilling, und Christine Sager. 1969. *Die NPD. Struktur, Ideologie und Funktion einer neofaschistischen Partei*. Frankfurt a. M.: Suhrkamp.

Laue, Katharina. 2009. Vereinsverbote und strafrechtliche Reaktionen. In *Rechtsextremismus. Eine Herausforderung für Strafrecht und Strafjustiz*, Hrsg. Heribert Ostendorf, 185–213. Baden-Baden: Nomos.

Leggewie, Claus, Johannes Lichdi, und Horst Meier. 2016. Das abermalige Verbotsverfahren gegen die NPD. Vom Antrag bis zum Eröffnungsbeschluss. *Recht und Politik* 16 (1): 1–6.

Lewandowsky, Marcel. 2015. Eine rechtspopulistische Protestpartei? Die AfD in der öffentlichen und politikwissenschaftlichen Debatte. *Zeitschrift für Politikwissenschaft* 25 (1): 119–134.

Lepsius, M. Rainer. 1993. *Demokratie in Deutschland. Soziologisch-historische Konstellationsanalysen*. Göttingen: Vandenhoeck & Rupprecht.

Linke, Annette. 1994. *Der Multimiollionär Frey und die DVU. Daten, Fakten, Hintergründe*. Essen: Klartext.

Madloch, Norbert. 1993. Zur Entwicklung des Rechtsextremismus in der DDR und in Ostdeutschland von den siebziger Jahren bis Ende 1990. In *Angriff von Rechts. Rechtsextremismus und Neonazismus unter Jugendlichen Ostberlins. Beiträge zur Analyse und Vorschläge zu Gegenmaßnahmen*, Hrsg. Robert Harnischmacher, 53–73. Rostock: Hanseatischer Fachverlag für Wirtschaft.

Maier, Hans, und Hermann Bott. 1968. *NPD. Struktur und Ideologie einer „nationalen Rechtspartei"*. München: Piper.

Mannes, Stefan. o. J. Die NPD in den 60'ern. Geschichte und Ideologie. www.shoa.de/content/view/538/193. Zugegriffen: 24. Sept.2008.

Maurach, Reinhart. 1950. *Sowjetische Demokratie. Erweiterte Vorlesung vor der Hochschule für Politische Wissenschaften in München.* München: Isar Verlag.

Mecklenburg, Jens, Hrsg. 1996. *Handbuch Deutscher Rechtsextremismus.* Berlin: Elefanten Press.

Mecklenburg, Jens. 1999. Die Deutsche Volksunion (DVU). In *Braune Gefahr. DVU, NPD, REP. Geschichte und Zukunft,* Hrsg. Jens Mecklenburg, 12–22. Berlin: Elefanten Press.

Mehring, Reinhard. 2009. *Carl Schmitt. Aufstieg und Fall. Eine Biographie.* Beck: München.

Meier, Christian, Hans Leo Reimann, Hans Maier, Reinhart Koselleck, und Werner Conze. 1992. Demokratie. In *Geschichtliche Grundbegriffe. Historisches Lexikon zur politisch-sozialen Sprache in Deutschland, Bd. 1,* Hrsg. Otto Brunner, Werner Conze und Reinhart Koselleck, 821–899. Stuttgart: Klett-Cotta.

Meyer, Alwin, und Karl-Klaus Rabe. 1979. *Unsere Stunde die wird kommen. Rechtsextremismus unter Jugendlichen.* Bornheim-Merten: Lamuv.

Minkenberg, Michael. 2005. *Demokratie und Desintegration. Der politikwissenschaftliche Forschungsstand zu Rechtsradikalismus, Fremdenfeindlichkeit und Gewalt.* Berlin: PRO Business.

Minkenberg, Michael. 2006. Ethnokratie statt Demokratie: Die Delegitimierungsstrategie der NPD. In *Die NPD-Fraktion im Sächsischen Landtag: Strategie und Ideologie,* Hrsg. Bündnis 90/Die Grünen Fraktion im Sächsischen Landtag, 57–65. Dresden: Bündnis 90/Die Grünen Fraktion im Sächsischen Landtag.

Müller, Leo A. 1989. *Republikaner, NPD, DVU, Liste D...* Göttingen: Lamuv.

Mudde, Cas. 1995. Right-wing extremism analyzed. A comparative analysis of the ideologies of three alleged right-wing extremist parties (NPD, NDP, CP'86). *European Journal of Political Research* 27:203–224.

Mudde, Cas. 2007. *Populist radical right parties in europe.* Cambridge: Cambridge University Press.

Neumann, Franz L. 1998. *Behemoth. Struktur und Praxis des Nationalsozialismus 1933-1944.* Frankfurt a. M.: Fischer.

Niedermayer, Oskar, und Richard Stöss. 2008. Berlin-Brandenburg-BUS. Einstellungen zur Demokratie in Berlin und Brandenburg 2002–2008 sowie in Gesamtdeutschland 2008. Handout für die Pressekonferenz der Deutschen Paul Lazarsfeld-Gesellschaft und des Otto-Stammer-Zentrums an der Freien Universität Berlin am 25. September 2008. http://www.polsoz.fu-berlin.de/polwiss/forschung/systeme/empsoz/forschung/media/Demokratie_08.pdf?1367710470. Zugegriffen: 24. Nov. 2014.

Niemann, Laura. 2008. *Die NPD im Landtag von Mecklenburg-Vorpommern. Ihre Parlamentsarbeit im ersten Jahr.* (DemokratiePolitik Heft 4). Greifswald: ohne Verlagsangaben.

Niethammer, Lutz. 1969. *Angepaßter Faschismus. Politische Praxis der NPD.* Frankfurt a. M.: Fischer.

Niethammer, Lutz. 1971. Integration und „Widerstand". Die NPD und die Umgruppierung der Rechten. *Gewerkschaftliche Monatshefte* 22:136–153.

Paxton, Robert A. 2004. *Anatomie des Faschismus.* München: Deutsche Verlagsanstalt.

Pfahl-Traughber, Armin. 1993. *Rechtsextremismus. Eine kritische Bestandsaufnahme nach der Wiedervereinigung.* Bonn: Bouvier.

Pfahl-Traughber, Armin. 1994. *Volkes Stimme? Rechtspopulismus in Europa.* Bonn: Dietz.

Pfahl-Traughber, Armin. 2000. *Rechtsextremismus in der Bundesrepublik*. München: Beck.

Pfahl-Traughber, Armin. 2001. Die Skinhead-Band „Landser". *Jahrbuch Extremismus & Demokratie* 13:169–182.

Pfahl-Traughber, Armin. 2002. Die NPD in der zweiten Hälfte der neunziger Jahre. Ideologie, Strategie und Organisation. In *Verbot der NPD oder Mit Rechtsradikalen leben? Die Positionen*, Hrsg. Claus Leggewie und Horst Meier, 30–43. Frankfurt a. M.: Suhrkamp.

Pfahl-Traughber, Armin. 2003. Ein „Anti-Globalisierungsbuch" aus etatistisch-völkischer Sicht. *Jahrbuch Extremismus & Demokratie* 15:320–324.

Pfahl-Traughber, Armin. 2004. Die „Umwertung der Werte" als Bestandteil einer Strategie der „Kulturrevolution". Die Begriffsumdeutung von „Demokratie" durch rechtsextremistische Intellektuelle. In *Die Neue Rechte – eine Gefahr für die Demokratie?*, Hrsg. Wolfgang Gessenharter und Thomas Pfeiffer, 73–94. Wiesbaden: VS Verlag.

Pfahl-Traughber, Armin. 2008. Der „zweite Frühling" der NPD. Entwicklung, Ideologie, Organisation und Strategie einer rechtsextremistischen Partei. (Zukunftsforum Politik 92), Bd. 92 Sankt Augustin: Konrad-Adenauer-Stiftung.

Prasse, Jan-Ole. 2010. *Der kurze Höhenflug der NPD. Rechtsextreme Wahlerfolge der 1960er*. Marburg: Tectum.

Pressedienst demokratische Initiative. 1981. *Die Volkssozialistische Bewegung Deutschlands – Sammelbecken militanter Rechtsradikaler*. (PDI-Sonderheft 17). München: Information Verlagsgesellschaft.

Priester, Karin. 2003. *Rassismus. Eine Sozialgeschichte*. Reclam: Leipzig.

Ptak, Ralf. 1999. Die soziale Frage als Politikfeld der extremen Rechten. Zwischen marktwirtschaftlichen Grundsätzen, vormodernem Antikapitalismus und Sozialismus-Demagogie. In *Braune Gefahr. DVU, NPD, REP. Geschichte und Zukunft*, Hrsg. Jens Mecklenburg, 97–145. Berlin: Elefanten Press.

Puschner, Uwe. 2001. *Die völkische Bewegung im wilhelminischen Kaiserreich. Sprache – Rasse – Religion*. Darmstadt: Wissenschaftliche Buchgesellschaft.

Reichardt, Sven. 2002. *Faschistische Kampfbünde. Gewalt und Gemeinschaft im italienischen Squadrismus und in der deutschen SA*. Köln: Böhlau.

Reisinger, Maurice o. J. Dossier über das auf der NPD-Demo am 28.7.2007 in Cottbus gespielte Lied der Hitlerjugend „Ein junges Volk steht auf" (apabiz, ca. 2008). http://www.publikative.org/wp-content/uploads/2008/03/dossier_ueber_ein_junges_volk_steht_auf1.pdf. Zugegriffen: 2. März 2012.

Retterath, Jörn. 2016. *„Was ist das Volk?" Volks- und Gemeinschaftskonzepte der politischen Mitte in Deutschland 1917–1924*. Berlin: De Gruyter.

Richards, Fred H. [d. i. Nikolaus J. Ryschkowsky]. 1967. *Die NPD. Alternative oder Wiederkehr?* München: Olzog.

Richter, Dagmar. 2002. Möglichkeiten und Grenzen des Vereinsverbots im rechtsextremistischen Bereich. *Recht der Jugend und des Bildungswesens* 50 (2): 172–192.

Riedel, Manfred. 1992. Gesellschaft, Gemeinschaft. In *Geschichtliche Grundbegriffe. Historisches lexikon zur politisch-sozialen Sprache in Deutschland*, Bd. 2, Hrsg. Otto Brunner, Werner Conze und Reinhart Koselleck, 801–862. Stuttgart: Klett-Cotta.

Rowold, Manfred. 1974. *Im Schatten der Macht. Zur Oppositionsrolle der nicht-etablierten Parteien in der Bundesrepublik*. Düsseldorf: Droste.

Rüthers, Bernd. 1989. *Carl Schmitt im Dritten Reich*. München: Beck.

Scheuch, Erwin K., Thomas A. Herz, und Hans D. Klingemann, Hrsg. 1969. *Die NPD in den Landtagswahlen 1966–1968*. Köln: als Manuskript gedruckt.

Schmitt, Carl. 1933. *Der Begriff des Politischen*. Hamburg: Hanseatische Verlagsanstalt (Erstveröffentlichung 1927).

Schmitt, Carl. 1996. *Die geistesgeschichtliche Lage des heutigen Parlamentarismus*. Berlin: Duncker & Humblot (Erstveröffentlichung 1923).

Schmollinger, Horst W. 1986a. Der Deutsche Block. In *Parteien-Handbuch. Die Parteien der Bundesrepublik Deutschland 1945–1980, Bd. 2: CSU–DSU*, Hrsg. Richard Stöss, 807–847. Opladen: Westdeutscher Verlag.

Schmollinger, Horst W. 1986b. Die Deutsche Reichspartei. In *Parteien-Handbuch. Die Parteien der Bundesrepublik Deutschland 1945–1980, Bd. 2: CSU–DSU*, Hrsg. Richard Stöss, 1112–1191. Opladen: Westdeutscher Verlag.

Schmollinger, Horst W. 1986c. Die Nationaldemokratische Partei Deutschlands. In *Parteien-Handbuch. Die Parteien der Bundesrepublik Deutschland 1945–1980, Bd. 4: NDP–WAV*, Hrsg. Richard Stöss, 1112–1191. Opladen: Westdeutscher Verlag.

Schmollinger, Horst W. 1986d. Die Sozialistische Reichspartei. In *Parteien-Handbuch, Bd. 2*, Hrsg. Richard Stöss, 2274–2336. Opladen: Westdeutscher Verlag.

Schmollinger, Horst W. 1986e. Die Deutsche Konservative Partei – Deutsche Rechtspartei. In *Parteien-Handbuch, Bd. 1: AUD – CDU*, Hrsg. Richard Stöss, 982–1024. Opladen: Westdeutscher Verlag.

Schönekäs, Klaus. 1990. Bundesrepublik Deutschland. In *Neue Rechte und Rechtsextremismus in Europa. Bundesrepublik, Frankreich, Großbritannien*, Hrsg. Franz Greß, Hans-Gerd Jaschke und Klaus Schönekäs, 218–347. Opladen: Westdeutscher Verlag.

Schoeps, Julius H., Gideon Botsch, Christoph Kopke, und Lars Rensmann, Hrsg. 2007. *Rechtsextremismus in Brandenburg. Handbuch für Analyse, Prävention und Intervention*. Berlin: Verlag für Berlin-Brandenburg.

Schulze, Christoph. 2009. Das Viersäulenkonzept der NPD. In *Strategien der extremen Rechten. Hintergründe – Analysen – Antworten*, Hrsg. Stephan Braun, Alexander Geisler und Martin Gerster, 92–108. Wiesbaden: Springer VS.

Schwagerl, H. Joachim. 1993. *Rechtsextremes Denken. Merkmale und Methoden*. Frankfurt a. M.: Fischer.

Schwarz, Friedhelm. 1999. *Das gekaufte Parlament. Die Lobby und ihr Bundestag*. Piper: München.

Smoydzin, Werner. 1967. *NPD. Geschichte und Umwelt einer Partei*. Pfaffenhofen a. d. Ilm: Ilmgau Verlag.

Sommer, Bernd. 2010. *Prekarisierung und Ressentiments. Soziale Unsicherheit und rechtsextreme Einstellungen in Deutschland*. Wiesbaden: Springer VS.

Sontheimer, Kurt. 1966. Die Wiederkehr des Nationalismus in der Bundesrepublik. Tribüne. *Zeitschrift zum Verständnis des Judentums* 5:1916–1934.

Sontheimer, Kurt. 1968. *Antidemokratisches Denken in der Weimarer Republik. Die politischen Ideen des deutschen Nationalismus zwischen 1918 und 1933. Studienausgabe mit einem Ergänzungsteil Antidemokratisches Denken in der Bundesrepublik*. München: Nymphenburger Verlagsanstalt.

Sowinski, Oliver. 1998. *Die Deutsche Reichspartei 1950-1965. Organisation und Ideologie einer rechtsradikalen Partei*. Frankfurt a. M.: Lang.

Speit, Andreas. 2005. *Mythos Kameradschaft. Gruppeninterne Gewalt im neonazistischen Spektrum.* Braunschweig: ARUG.

Steglich, Henrik. 2006. *Die NPD in Sachsen. Organisatorische Voraussetzungen ihres Wahlerfolgs 2004.* Berichte und Studien, Hrsg. v. Hannah-Arendt-Institut für Totalitarismusforschung, Nr. 49. Göttingen: Vandenhoeck & Rupprecht.

Stöss, Richard. 1980. *Vom Nationalismus zum Umweltschutz. Die Deutsche Gemeinschaft/ Aktionsgemeinschaft Unabhängiger Deutscher im Parteiensystem der Bundesrepublik.* Opladen: Westdeutscher Verlag.

Stöss, Richard, Hrsg. 1986a. *Parteien-Handbuch. Die Parteien der Bundesrepublik Deutschland 1945–1980.* Sonderausgabe. 4 Bde. Opladen: Westdeutscher Verlag.

Stöss, Richard. 1986b. Die Deutsche Gemeinschaft. In *Parteien-Handbuch. Die Parteien der Bundesrepublik Deutschland 1945–1980. Bd. 2: CSU – DSU,* Hrsg. Richard Stöss, 877–900. Opladen: Westdeutscher Verlag.

Stöss, Richard. 1986c. Die Deutsch-Soziale Union. In *Parteien-Handbuch. Die Parteien der Bundesrepublik Deutschland 1945–1980. Bd. 2: CSU – DSU,* Hrsg. Richard Stöss, 1243–1278. Opladen: Westdeutscher Verlag.

Stöss, Richard. 1986d. Die Unabhängige Arbeiter-Partei. In *Parteien-Handbuch. Die Parteien der Bundesrepublik Deutschland 1945–1980. Bd. 2: CSU – DSU,* Hrsg. Richard Stöss, 2337–2360. Opladen: Westdeutscher Verlag.

Stöss, Richard. 1986e. Die Gesamtdeutsche Partei (GDP bzw. GPD). In *Parteien-Handbuch. Die Parteien der Bundesrepublik Deutschland 1945–1980. Bd. 1: AUD – CDU,* Hrsg. Richard Stöss, 1460–1477. Opladen: Westdeutscher Verlag.

Stöss, Richard. 1986f. Die Aktionsgemeinschaft Unabhängiger Deutscher. In *Parteien-Handbuch. Die Parteien der Bundesrepublik Deutschland 1945–1980. Bd. 1: AUD – CDU,* Hrsg. Richard Stöss, 310–335. Opladen: Westdeutscher Verlag.

Stöss, Richard. 1986g. Einleitung: Struktur und Entwicklung des Parteiensystems der Bundesrepublik Deutschland – Eine Theorie. In *Parteien-Handbuch. Die Parteien der Bundesrepublik Deutschland 1945–1980, Bd. 1: AUD – CDU,* Hrsg. Richard Stöss, 17–309. Opladen: Westdeutscher Verlag.

Stöss, Richard. 1989. *Die extreme Rechte in der Bundesrepublik. Entwicklung – Ursachen – Gegenmaßnahmen.* Opladen: Westdeutscher Verlag.

Stöss, Richard. 1990. *Die „Republikaner". Woher sie kommen – Was sie wollen – Wer sie wählt – Was zu tun ist.* Köln: Bund.

Stöss, Richard. 2005. Die NPD – Erfolgsbedingungen einer rechtsextremen Partei. *Jahrbuch für Antisemitismusforschung* 14:41–60.

Stöss, Richard. 2007. *Rechtsextremismus im Wandel.* Berlin: Friedrich-Ebert-Stiftung.

Talmon, Jacob L. 1961. *Die Ursprünge der totalitären Demokratie.* Die Geschichte der totalitären Demokratie, Bd. 1. Köln: Westdeutscher Verlag.

Talmon, Jacob L. 1963. *Politischer Messianismus. Die romantische Phase.* Die Geschichte der totalitären Demokratie, Bd. 2. Köln: Westdeutscher Verlag.

Talmon, Jacob L. 2013. *Die Geschichte der totalitären Demokratie.* Wege der Totalitarismusforschung, Bd. 3, Hrsg. v. Uwe Backes. Göttingen: Vandenhoeck & Rupprecht.

Tauber, Kurt. 1967. *Beyond eagle and swastika. German nationalism since 1945,* Middletown: Wesleyan University Press.

Thießen, Malte. 2009. Schöne Zeiten? Erinnerungen an die „Volksgemeinschaft" nach 1945.In *Volksgemeinschaft,* Hrsg. Frank Bajohr und Michael Wildt, 165–187.

Tönnies, Ferdinand. 2005. *Gemeinschaft und Gesellschaft. Grundbegriffe der reinen Soziologie*. Darmstadt: Wissenschaftliche Buchgesellschaft (Erstveröffentlichung 1887).

Valentin, Veit, und Otto Neubecker. 1929. *Die deutschen Farben. Mit einem Geleitwort von Reichskunstwart Dr. Edwin Redslob*. Leipzig: Quelle & Meyer.

Virchow, Fabian. 2006a. *Gegen den Zivilismus. Internationale Beziehungen und Militär in den politischen Konzeptionen der extremen Rechten*. Wiesbaden: Springer VS.

Virchow, Fabian. 2006b. Dimensionen der „Demonstrationspolitik" der extremen Rechten in der Bundesrepublik Deutschland. In *Moderner Rechtsextremismus in Deutschland*, Hrsg. A. Klärner und M. Kohlstruck, 68–101. Bonn: Bundeszentrale fur Politische Bildung.

Virchow, Fabian. 2008. *Argumente für Kandidaten und Funktionsträger demokratischer Parteien und Wählervereinigungen. Eine Entgegnung auf Schulungsmaterial der NPD*. Potsdam: ohne Verlagsangaben.

Virchow, Fabian, und Christian Dornbusch, Hrsg. 2008. *88 Fragen und Antworten zur NPD. Weltanschauung, Strategie und Auftreten einer Rechtspartei – und was Demokraten dagegen tun können*. Schwalbach: Wochenschau.

Wesjohann, Achim. 2006. Der „Souveränitätsverlust" des „Vasallenstaats" BRD. Die NPD als verfolgte „Nationale Opposition". In *Die NPD-Fraktion im Sächsischen Landtag: Strategie und Ideologie*, Hrsg. Bündnis 90/Die Grünen Fraktion im Sächsischen Landtag, 29-55. Dresden: Bündnis 90/Die Grünen Fraktion im Sächsischen Landtag.

Wiegel, Gerd. 2016. Konservativ, reaktionär, nationalistisch, rechtspopulistisch. *Der Rechte Rand. Magazin von und für AntifaschistInnen* 2016 (160): 12–13.

Wildt, Michael. 2009. Die Ungleichheit des Volkes. „Volksgemeinschaft" in der politischen Kommunikation der Weimarer Republik. In *Volksgemeinschaft*, Hrsg. Frank Bajohr und Michael Wildt, 24–40.

Wildt, Michael. 2011. „Volksgemeinschaft". Eine Antwort auf Ian Kershaw. In: Zeithistorische Forschungen. Online-Ausgabe. 8(1). http://www.zeithistorische-forschungen.de/16126041-Wildt-1-2011. Zugegriffen: 9. Okt. 2011.

Wilking, Dirk, Hrsg. 2015. *„Reichsbürger". Ein Handbuch*. Potsdam: Brandenburgische Universitätsdruckerei & Verlagsgesellschaft.

Zaleshoff, Andreas P. 1989. *Der zweite Frühling der NPD*. Hannover: Ohne Orts- & Verlagsangaben.

The manufacturer's authorised representative in the EU is Springer
Nature Customer Service Centre GmbH; Europaplatz 3, 69115 Heidelberg,
Germany. If you have any concerns regarding our products, please
contact ProductSafety@springernature.com

Printed and bound by CPI Group (UK) Ltd, Croydon, CR0 4YY

27/04/2026

02097603-0005